本丛书为
教育部哲学社会科学研究重大课题委托研究项目
"中国共产党百年教育史研究"成果之一

《中国教育现代化2035战略与政策研究》总目

第一册	把握中国教育现代化的形势与任务	朱旭东等著
第二册	发展中国特色世界先进水平的优质教育	李芒等著
第三册	推动各级教育高水平高质量普及	张志勇等著
第四册	实现基本公共教育服务均等化	薛二勇等著
第五册	构建服务全民的终身学习体系	张伟远等著
第六册	提升一流人才培养与创新能力	周海涛等著
第七册	建设高素质专业化创新型教师队伍	李琼、宋萑、廖伟等著
第八册	推进信息时代的教育发展与变革	余胜泉等著
第九册	开创教育对外开放新格局	刘宝存、张继桥等著
第十册	推进教育治理体系和治理能力现代化	余雅风、刘水云等著

《中国教育现代化2035战略与政策研究》编写出版委员会

总 顾 问 顾明远 钟秉林 殷忠民 黄 强

主 任 朱旭东 郭 戈

副 主 任 薛二勇 王永强

主 编 朱旭东

编 委（按姓名汉语拼音排序）

陈建峰 程 军 冯卫斌 龚鹏飞 韩华球
胡兰江 焦 艳 李 红 李 芒 李 琼
李云龙 刘宝存 刘立德 陆 洋 秦光兰
王 鑫 王永强 夏华香 薛二勇 余胜泉
余雅风 曾红梅 张华娟 张丽娜 张伟远
张晓东 张志勇 周海涛 宗世哲

丛书责编 韩华球 刘立德 李云龙

本册责编 王 鑫

中国教育现代化2035战略与政策研究

第九册

丛书主编◎朱旭东

刘宝存 张继桥◎等著

人民教育出版社
·北京·

图书在版编目（CIP）数据

中国教育现代化 2035 战略与政策研究. 第九册 / 刘宝存等著. —北京：人民教育出版社，2021.9

ISBN 978-7-107-36088-6

Ⅰ.①中⋯　Ⅱ.①刘⋯　Ⅲ.①教育现代化－发展战略－研究－中国　Ⅳ.①G52

中国版本图书馆 CIP 数据核字（2021）第 169742 号

中国教育现代化 2035 战略与政策研究·第九册

出版发行		人民教育出版社
		（北京市海淀区中关村南大街 17 号院 1 号楼　邮编：100081）
网	址	http://www.pep.com.cn
经	销	全国新华书店
印	刷	北京盛通印刷股份有限公司
版	次	2021 年 9 月第 1 版
印	次	2021 年 9 月第 1 次印刷
开	本	787 毫米 ×1 092 毫米　1/16
印	张	15
字	数	179 千字
印	数	0 001~1 500 册
定	价	53.00 元

版权所有·未经许可不得采用任何方式擅自复制或使用本产品任何部分·违者必究
如发现内容质量问题、印装质量问题，请与本社联系。电话：400-810-5788

总序：构建社会主义现代化强国所需要的高质量教育体系

为进一步认真贯彻落实习近平新时代中国特色社会主义思想和党的十九大以及十九届二中、三中全会等重要会议精神，2019年2月中共中央、国务院印发了《中国教育现代化2035》，并要求各地区各部门结合实际认真贯彻落实。

为更好地发挥北京师范大学中国教育与社会发展研究院作为国家高端智库培育单位的决策咨询、政策解读、舆论引领等作用，促进国家重大教育战略与规划的落实和执行，我们决定组织撰写《中国教育现代化2035战略与政策研究》丛书。

《中国教育现代化2035》确定了中国面向未来的教育战略实施目标。到2035年，中国教育要实现现代化总体目标，这个总体目标体现在两个方面：一方面，实现教育自身的现代化，使立德树人的根本任务得以完全落实，使党的教育方针得到全面贯彻，实现教育强国和人民满意的教育的国家和社会目标；另一方面，现代化教育可以支撑起中国国家现代化，尤其为中华民族伟大复兴起到保驾护航的作用。

《中国教育现代化2035》规划了中国面向未来的教育战略实施的进程。到2035年，教育现代化目标的实现过程，既体现在教育的现代化过程中，也体现在不断满足国家现代化需要的过程中。教育现代化的过程是一个不断推进教育优质均衡发展的过程，是一个高质量教育体系不断建构和完善的过程；满足国家现代化需要的过程是一个通过教育促进国家建设社会主义现代化强国的过程。

《中国教育现代化2035》明确了中国面向未来的教育战略实施的方向。到2035年，构建起满足社会主义现代化强国所需要的完备教育体系。党的十九届五中全会审议通过的《中共中央关于制定国民经济和社会发展第十四个五年规划和二〇三五年远景目标的建议》，提出建成富强民主文明和谐美丽的社会主义现代化强国的宏伟目标。这一远景目标是对党的十八大所提出的"全面落实经济建设、政治建设、文化建设、社会建设、生态文明建设五位一体总体布局"的进一步强化。习近平总书记在党的十九大报告中指出，"建设教育强国是中华民族伟大复兴的基础工程，必须把教育事业放在优先位置"，党的十九届五中全会第一次明确提出"建设高质量教育体系"。高质量教育体系是全面建设社会主义现代化强国的关键所在，教育体系要为社会主义现代化强国服务。

一、构建一个促进人的现代化需要的五育并举的教育体系

国家的现代化首先是人的现代化。落实党的教育方针，开展德智体美劳全面发展教育，培养社会主义建设者和接班人，也要基于人的现代化，而人的现代化需要通过"五育"来实现。习近平总书记在全国教育大会上强调，要在党的坚强领导下，全面贯彻党的教育方针，培养德智体美劳全面发展的社会主义建设者和接班人。人的全面发展需要全面发展的教育，为此，需要构建一个五育并举的教育体系。德育、智育、体育、美育、劳动教育是教育的内涵，而不是人的发展的内涵，不是学生发展的内涵。人的发展的内涵是认知和情感发展，是道德和公民性

发展，是个性、社会性与人格发展，健康和安全发展，艺术和审美发展。①五育并举虽然不是人的全面发展内涵，却是基于和促进人的全面发展。因此，从人的全面发展内涵来看，五育并举，应由道德和公民性教育、社会性和情感教育、脑智教育、健康和安全教育、艺术和审美教育构成。

构建一个促进道德和公民性发展的"德育"体系。在党和国家的教育方针中，"德"是第一位的，事实上，从人的发展的价值来说，"德"必须放在第一位。在中国国情背景下，"德"不仅仅指道德发展，还指思想政治、法制素养，特别是对中国共产党和国家政治制度的认同和忠诚，以及对民族、国家和文化的认同。这里从心理学和伦理学视角来谈道德发展及其教育，把思想政治、法制素养放到公民性发展里来谈。公民性发展是指儿童的公民意识、思维、认知以及公民行为能力的成长过程。它是现代民族国家范畴内的资格身份塑造，也是政治思想意识的形成，又是民族、国家、文化的认同建构，更是法律意义上权利、责任和义务的养成过程。

教育的根本任务是立德树人，这是教育的总目标。根据这个目标，我们要构建促进道德和公民性发展的教育体系。这个体系由基于伦理内容和心理过程的道德教育体系，基于中国历史和国家发展的思想政治教育体系，基于民族认同、国家认同、文化认同的核心价值观教育体系，以及基于权利、责任和义务的法制教育体系构成。

"德育"体系还应促进学生的社会性和情感发展，为此，需要建立一个社会性和情感教育体系作为"德育"体系的补充。虽然社会性和情

---

① 朱旭东. 论教师专业发展的理论模型建构［J］. 教育研究，2014（6）：81-90.

感教育在传统的德育中也有涉及，但不够系统、不够突出，没有把它作为一个重要的维度彰显出来。我国社会主义现代化建设需要人才，更需要凝聚人才，把各种人才凝聚到实现中国梦这一历史使命上来。而社会性和情感作为人全面发展的重要维度之一，情感是社会团结协作的黏合剂，对凝聚人心、增进身份认同、提升文化自信具有重要作用。因此，社会性和情感教育应在五育并举中占有一席之地。在社会性和情感教育中促进学生社会性的健全发展，增进学生对国家与民族的感情。

构建一个促进脑智发展的"智育"体系。"脑智"主要是指人脑发育和心智发展两个部分，心智与认知密切联系。过去主要强调的智育，虽然在教育中占有重要地位，但主要是从知识和心理角度强调智育的重要性，因而致使脑育并没有得到重视。而大脑是人的智力发展依存的最重要的物质基础和生理基础。从人的全面发展视角来看，健全的、真正的智育应注重脑育。虽然脑科学与教育作为新兴研究领域日益受到国际的重视，但在我们的教育体系中，对脑育仍重视不足。在新的五育并举的教育体系中，我们需要把智育与脑育结合起来，把传统的智育拓展升级为新智育，即"脑智教育"。何谓"脑智教育"？它是指在继承传统智育优点的基础上开展的，基于脑、开发脑、脑智融合的教育。以脑神经学为代表的脑科学将成为脑智教育重要的学科基础，脑育是脑智教育的重要内涵。脑育强调以科学的方法开发脑，以人文精神关爱脑，以教育理念成就脑。

构建一个促进健康和安全发展的"体育"体系。健康和安全教育过去是没有纳入全面发展教育中的，尽管体育承担着健康教育部分，可是体育主要是培养学生的运动素养，促进身体锻炼，但健康教育远不止身体锻炼，而是涉及更广的范围。例如还包括促进身体健康发展的饮食教育等。如果说健康是人全面发展的重要身体基础，那么安全就是人全面发展的重要前提。因此，健康和安全教育也应是全面发展教育的重要内涵。在过去的全面发展教育体系中，安全教育并没有明确列入，尽管学校教育中会涉及安全教育，但不系统，更没有从五育并举的高度来重视安全教育。①

构建一个艺术和审美发展的"美育"体系。五育并举中虽然提到美育，但艺术和审美教育缺乏儿童成长的规律研究。当今受过从幼儿园到高中乃至大学的艺术和审美教育后，却没有掌握一门艺术技能的学生大有人在，因此学生的艺术和审美素养需要大力提高。在五育并举的教育体系中，要重视艺术和审美教育，把艺术和审美教育从娃娃抓起，以提高整体国民的现代审美素养。

构建一个对儿童全面发展起到独特作用的"劳动教育"体系。劳动教育的独特价值不仅在于培养儿童的劳动观念、劳动态度、劳动情感、劳动技能和劳动价值观，而且可以促进儿童的道德和公民性发展、社会性和情感发展、脑智发展、健康和安全以及艺术和审美素养发展。鉴于劳动教育具有促进儿童发展的综合性价值，我们需要构建一个有助于儿童综合发展的劳动教育体系。

上述道德和公民性教育、社会性和情感教育、脑智教育、健康和安全教育、艺术和审美教育是我们对德智体美劳五育认识的进一步深化，由此构建一个为社会主义现代化人才强国所需要的更为全面、更具内涵的五育并举的教育体系，使学生的文明素养、社会责任意识、实践本领、身体素质和心理健康水平等都得到提升，以切实促进人的现代化。

---

① 要构建一个保障儿童身心健康的教育体系，它是由体育、心育和食育构成的，它们要致力于儿童的运动、心理和养生的知识、能力和伦理的培养。

二、构建一个促进社会经济现代化需要的完备成熟的混合教育形态体系

构建社会主义现代化建设所需的教育体系，不仅需要在教育内涵方面五育并举，而且需要一个完备、成熟的教育形态体系，以促进社会经济发展，建设具有社会主义新型工业化、信息化、城镇化和农业现代化特征的经济强国。这个完备成熟的教育形态体系应该由四个部分构成，它们是学校教育体系、家庭教育体系、社会教育体系和三位一体、线上线下结合的教育体系。改革开放四十多年来，我国已经建成了世界最庞大的教育体系，为国家社会主义现代化建设奠定了坚实的教育基础，未来这个体系需要更加完善。

学校教育体系方面，需要从纵、横两个方向进一步完善。纵向方面，需要向两端进一步延伸发展，应抓住早教和老年教育这两个薄弱环节。具体而言，需要填补0—3岁托幼教育体系，通过政府和社会双轨制建立起来，推动义务教育均衡发展和城乡一体化发展，促进学前教育普惠性高质量发展；同时，进一步发展和完善老年大学、老年闲暇教育等。横向方面，学校教育应向多元、开放、特色与提质、升级方面进一步发展。例如，要强调初中阶段的公立义务教育；要打破普职高中教育双轨体系，建立综合、专门、特殊、英才（科技高中、技术高中、艺术高中、精英高中）等具有多样性特征的高中教育体系，尤其要建立科技高中，为建设社会主义现代化科技强国打下基础；要把特殊教育体系转变与升级为全纳融合教育体系。特别是，要大力发展高等专业教育体系。现代化国家建设的过程就是从普通劳动力为主的劳动力市场，向专业性劳动力为主的劳动力市场转化的过程，只有建立专业教育体系，才能满足普通劳动力市场日益向专业性劳动力市场转型与升级的需求。

"作为为专门职业培养专门人才的专业教育,'专门职业'指向性是其本质属性,其基本特征是实践性、研究性、复合性和终身性,与职业高等教育相比,研究性与复合性是其根本性特征。"① 因此,一方面,要加大人力资本投入,增强职业技术教育的适应性,深化职普融通、产教融合、校企合作,探索中国特色的学徒制,大力培养技术技能人才;另一方面,要将传统的职业高等教育升级为专业高等教育,支撑起现代化国家建设对创新型、专业化、高素质劳动力的要求。要提高高等教育质量,分类建设一流大学和一流学科。我国要构建一个由工程师教育体系、医师教育体系、教师教育体系、律师教育体系、社区管理教育体系等构成的高等专业教育体系,并构建该专业教育体系的目标、课程与教学、师资队伍,加快培养理工农医类专业的紧缺人才。

家庭教育是我国教育形态中一个相对薄弱的体系。为了帮助幼儿扣好人生的第一粒扣子,不仅需要每位家长重视家庭教育,更需要建构适切的家庭教育体系。鉴于家庭的社区性和生活性,家庭教育体系建构需要获得社区的充分支持。"为完善幼儿家庭教育的社区支持,政府需要完善社区支持制度与经费保障机制;社区需要加强重视,丰富支持内容与形式;管理部门需要对社区支持状况加强评估与监测。"② 也就是说,需要建构社区家庭教育指导与服务体系。此外,针对家庭教育的生活性,需要建构打破现实时空界限的家庭网络教育体系,以实现随时随地都能进行家庭教育。概言之,我们需要以社区家庭教育指导体系和网络

---

① 徐今雅,朱旭东. "专业教育"辨析——兼论专业教育与高等职业教育的关系 [J]. 复旦教育论坛,2007(6):29-34.
② 李晓巍,刘倩倩,王梦柯. 幼儿家庭教育的社区支持指标体系:构建与应用 [J]. 教育学报,2019(2):66-76.

教育体系为两翼，推进家庭教育体系建构，健全学校、家庭、社会协同育人机制。

相对于学校教育体系，我们的社会教育体系建构显得滞后与不足。社会教育体系需要充分发挥社会文化机构和文化环境的教育作用，协同学校教育与家庭教育，共同致力于为社会主义现代化建设培养人才。如果说学校教育体系更多是一种知识传播教育，那么文化环境则更多是一种文化体验教育。在社会教育体系中，要构建校外教育体系、博物馆教育体系、红色革命基地教育体系，同时还要构建一个公益慈善教育体系或者社会支持公益教育体系。

三位一体的教育形态体系同时应该有线上教育体系。在信息化、数字化、网络化的时代背景下，我国需要大力发展线上教育体系，构建线上线下混合学习体系。线上教育体系，是一种新型的教育体系。与学校教育体系、家庭教育体系和社会教育体系相比，它具有开放性与兼容性。它既能打破家庭教育、学校教育与社会教育的时空局限，又能渗透与融合学校教育体系、家庭教育体系和社会教育体系，促使其他三大教育形态实现数字化升级与完善。

三、构建一个促进人类命运共同体需要的国际教育体系

社会主义现代化强国，不是霸权强国，而是秉承"命运共同体"精神的友善型、文明型强国。它强调"中国梦"与"世界梦"美美与共。我国社会主义现代化强国建设，需要构建促进人类命运共同体需要的国际教育体系。

首先，促进人类命运共同体需要的国际教育体系，是教育强国重要的组成部分。纵观世界，美国、日本等教育强国，都有一整套国际教育

体系，从国际教育理念到国际教育实践，从国际教育法到国际教育政策，从国际学校到国际教育项目，从国际教育引进到国际教育输出，从民间国际教育力量到政府国际教育支持，都体现了一个强国应当具有的国际教育质量。而我国虽然在国际教育方面取得了长足进步，但与世界教育强国的国际教育体系相比，仍存在一定的差距，因此需要大力推进我国的国际教育体系建设。

其次，构建促进人类命运共同体需要的国际教育体系，是现代国际政治强国建设的内在要求。世界教育强国之所以有完备的国际教育体系，是因为它们有国际地位提升的内在需要。而随着我国国际地位的不断提升，我国也需要构建一套完备的国际教育体系。我国已经成为全球最大的出境游输出国，全球最大的消费市场，全球最大的制造"王国"。我国拥有全球最高效、最齐全的产业链集群，全球最具性价比的制造系统，全球最充分的市场竞争。此外，世界还初步形成了对中国力量的依赖，包括从技术到资本再到市场的综合依赖，以及对人力资源的依赖等，但这种依赖还是初级阶段的，必须提质增效，以期实现全球对中国高层次与高质量的依赖。达成这一目标，不仅要讲好中国发展故事，讲好与世界相处的内外关系故事，讲好中国对世界产生影响的故事，更重要的是要加快实施文化国际化战略，实现文化产品的国际输出，同时深度推进企业全球化和国际化，正如习近平总书记提出的，要推动构建人类命运共同体，落实"一带一路"倡议，使中国早日成为国际政治强国。这一切都离不开国际教育体系的整体构建。

我国需要构建什么样的国际教育体系呢？首先，我们需要构建以人类命运共同体为思想依据的国际教育理念。人类命运共同体是一种新型文明观，一种正确的义利观，一种新型国际秩序观。① 它强调人类共在、共存与共发展。它对我国高等教育国际合作具有重要的规范和引领作用。② 不仅如此，它对我国国际教育也具有重要指导意义。以人类命运共同体为指导理念的国际教育，更能彰显我国作为新型文明国家的精神风貌。其次，制定符合我国实际的国际教育法。国际教育法是国际教育发展重要的法律保障。1966年，美国出台了《国际教育法》，该法在美国国际教育史上占有极其重要的位置，为美国国际教育进入制度层面提供了法律依据。我国也需要以人类命运共同体为指导思想，制定一部符合时代要求与国情的国际教育法。最后，构建"引进来、走出去"的双向国际学校教育体系，全面构建矢志影响世界的中国文化传播的教育目标、课程和教学、师资等体系。概言之，我们需要从理念、法规与学校教育体系等一系列维度，建构起完备的、成熟的国际教育体系，以促进人类命运共同体和社会主义现代化政治强国建设。

四、构建一个促进社会主义现代化文化的互联网、人工智能环境下的数字化教育体系

社会主义现代化强国必须是一个文化强国，其核心是学习型强国。学习型强国是对学习型社会建设的继承与发展。学习型社会的本质是以学习求发展。③ 学习型强国也是以学习求发展，但立意更加高远，我国

---

① 徐艳玲，李聪. "人类命运共同体"价值意蕴的三重维度［J］. 科学社会主义，2016（3）：108-113.
② 周作宇，马佳妮. 人类命运共同体：高等教育国际合作的价值坐标［J］. 教育研究，2017（12）：42-50.
③ 顾明远，石中英. 学习型社会：以学习求发展［J］. 北京师范大学学报（社会科学版），2006（1）：5-14.

学习型社会建设主要是基于小康社会建设来谈的,而学习型强国的建设则是站在社会主义现代化强国建设与实现"中国梦"的高度来谈的。学习型强国,具有三个基本特征:学习资源强国、学习力强国、学习文化强国。学习资源强国,强调学习供给侧改革,以丰富、便利、高质量的学习资源,以满足人人皆可学、时时皆能学、处处皆便学的需求;学习力强国,强调国民学习力提升,以满足创新型国家建设需求;学习文化强国,强调愿学、乐学成为浓厚的社会风气,以形成良好的学习文化生态。学习型强国的建设需要构建互联网、人工智能环境下的数字化教育体系。何谓数字化教育体系?数字化教育体系可以概括为"一个中心、两类环境、三个内容库、四种技术、五类用户、六种业务"。"一个中心"即数字化教育云中心;"两类环境"即支持学校教育的数字化校园与支持终身教育的学习型数字化城区;"三个内容库"即学习资源库、开放课程库与信息管理库;"四种技术"即物联网、云计算、大数据、泛在网络四种核心数字化技术;"五类用户"即教师、学生、家长、教育管理者与社会公众;"六种业务"即数字教学、数字化学习、数字化管理、数字化科研、数字化评价与数字化服务。① 从学习视角看,数字化教育体系由数字化的学习资源体系、智能化的学习过程体系、数字化的学习评价与服务体系构成。

为何学习型强国的建设需要建构互联网、人工智能环境下的数字化教育体系?首先,传统的实体空间学习难以满足学习型强国的时代需求。工业化时代的产物——传统实体空间场所学习,主要是通过教室、图书馆、博物馆、剧场、戏院等场所来提供学习资源。这固然能在一定程度

---

① 杨现民,余胜泉. 智慧教育体系构架与关键支撑技术[J]. 中国电化教育,2015(1):77-84.

上满足人们的学习需求，但还远远不够。由于实体空间场所具有边界性和时空限制性，因而难以满足学习资源强国的需求。其次，数字化教育体系具有学习资源的数字化、共享化、机会均等化等特征；学习方式的无边界化、无时空限制化、智能化等特征；学习力的数字化、信息化；学习文化的全民化、终身化、民主化等特征，能够为建设学习型强国提供丰富优质的学习资源，大力提升国民学习力，养成良好的学习文化生态。

如何构建互联网、人工智能环境下的数字化教育体系？首先，需要进行数字化教育供给侧改革。我们应充分挖掘和利用先进的信息技术，例如凭借我国5G网络的先进技术，构建一个全民可享用的数字化教育体系。其次，需要优化数字化学习过程，以提升国民数字化、信息化学习能力。"现代技术实现了物联物通，延展了学习空间，空间中的因子组合的多样性，使得学习生态实现了从原生态向新生态的转向。"[①] 新的学习生态催生新的学习能力。最后，需要健全与优化数字化教育的评价和服务体系建设。

五、构建一个促进和谐社会现代化的民办教育体系

社会主义现代化强国，不仅是政府善治强国，也是社会力量强国。这里的社会力量，泛指非政府的参与促进国家发展的积极力量，主要包括自然人、法人（社会组织、非政府组织、企业等）。社会力量是使一个国家充满活力的重要因素之一。社会主义现代化强国，是一个政府与社会携手共进的强国。社会力量在世界各国以不同形式存在，通过社

[①] 沈书生. 学习新生态：建构信息化学习力[J]. 苏州大学学报（教育科学版），2020（1）：1-8.

会力量促进国家发展既是发达国家的历史经验，也是中国社会主义现代化强国建设的重要议题。我国在社会主义现代化建设进程中，应充分吸引、利用社会力量，协同社会力量，促进各项事业的发展，这其中包括教育事业。民办教育是社会力量参与和发展教育事业的集中体现。经过将近四十年的发展，民办教育已经成为中国教育体系的一个重要组成部分，但需要基于中国民办教育的丰富实践构建一个健全成熟的民办教育体系。在构建一个促进社会发展的民办教育体系时，应注重以下几大体系建设。

首先，要构建完善的民办教育法规和政策体系，以支持与规范民办教育为主线，规范校外培训机构。近些年来，我国民办教育虽然取得了较大发展，但相对于公立教育仍然处于弱势地位，甚至被边缘化，因此更需要得到大力支持。只有在有力的政策支持环境下，民办教育才能迸发出更大的活力。如果说支持可以激发活力，那么规范则可以保持活力。因此，吸引社会力量（如民间资金）进入教育领域，必需理清"支持什么"与"规范什么"两大根本问题。① 其次，要加强民办学校现代治理制度体系建设。加强非营利性和营利性民办学校作为法人的规章制度建设，加强民办教育制度创新建设，例如基金会办学是一种很好的民办教育制度创新，实现了从自然人与企业法人向基金会办学的转变，体现了非营利民办高校的制度创新。"国际经验表明，基金会不仅是非营利性私立高校的重要办学主体之一和主要资金来源，还越来越多地从战

---

① 周海涛，闫丽雯. 支持和规范社会力量兴办教育的新作为[J]. 教育与经济，2019（1）：3-6.

略规划、学科布局、大学自治、教师发展等方面为其提供专业服务。"①再次，要建立基于分类管理的民办学校法人治理体系。分类管理是我国民办教育发展的一个重要特征。"对民办教育分类管理有利于我国民办教育管理体制改革和民办教育的发展。"②2017年初发布的《国务院关于鼓励社会力量兴办教育促进民办教育健康发展的若干意见》明确提出"实行非营利性和营利性分类管理"。"2017年9月1日《中华人民共和国民办教育促进法》生效，标志着我国正式步入民办教育分类管理的新时代。"③民办学校法人治理体系也需要基于非营利性和营利性这两类民办学校的不同特点，建构其法人治理结构，形成决策、执行、监督相互独立、相互制约的法人治理机制。最后，要建立民办学校风险防范体系，具体包括民办教育领域社会信用体系建设，资产、财务和会计制度设计，信息公开、举办者变更等机制。

六、构建一个促进党对教育工作全面领导的教育治理体系

社会主义现代化强国也是一个治理体系完善和治理能力现代化的强国，它有力地保障了社会主义现代化各项事业的运转。教育事业也是如此，教育治理强国有力地保障了教育体系的有效运转。为此，我们需要构建一个中国共产党全面领导的教育治理体系，以推进社会主义现代化治理强国建设。我们可以在以下几个方面进行构建。

首先，建设教育治理的专业人才体系，为教育治理强国奠定人才基

---

① 刘金娟，方建锋. 我国基金会参与非营利性民办高校办学探索 [J]. 复旦教育，2019（6）：41-47.
② 王善迈. 民办教育分类管理探讨 [J]. 教育研究，2011（12）：32-36.
③ 周海涛，闫丽雯. 支持和规范社会力量兴办教育的新作为 [J]. 教育与经济，2019（1）：3-6.

础。"教育治理是多元主体共同管理教育公共事物的过程。"① 现代化教育治理离不开治理主体的治理能力和素养。治理能力越强，往往治理效果越好。因此，需要在党的领导下全面提高相关治理主体的治理能力，使其达到科学化、专业化和人文化的治理水平。例如提升教育局局长的治理能力，实现教育局局长的专业化；提高教育财务人员的专业化、科学化水平。

其次，有针对性地构建一系列保障体系，以保障相关教育体系的有效运行。具体来说，要注重以下几个方面的保障体系建设。构建一个保障教育投入和产出有效的财务分析体系；构建一个保障教育质量的监测、评估、督导、诊断和干预的运转体系，建立学生学习成果评估体系，全面提升人才培养质量；构建一个保障高等教育内部运转的辅助人员体系，进行教育人事制度改革；构建一个保障职业技能质量的国家框架体系，为专业教育提供框架；构建一个保障儿童发展的生涯指导教育体系，突破以传统心理健康为主的体系，为儿童成长保驾护航；构建一个保障教育基础信息准确真实的公开数据体系，为管理、咨询和研究提供数据；构建一个保障教育体系运营的科研体系，建设教育科研课题的问题解决导向体系，数据库体系，管理循证化体系、智库体系；构建一个保障促进深度贫困地区教育发展的自主、陪伴和帮扶、内涵和外延、基础和提升相结合的后扶贫时代的教育脱贫体系，系统构建乡村产业、人才、文化、生态和组织振兴的教育新体系，促进完善民族地区教育质量和水平的保障体系，加大国家通用语言文字推广力度；构建一个高质量的教师教育体系，使其具备高质量的教师教育机构和教师教育者队

---

① 褚宏启. 教育治理：以共治求善治[J]. 教育研究，2014（10）：4-11.

伍；构建一个将现代科技、网络和人工智能应用于教育的辅助体系。

本套丛书是在国家高端智库中国教育与社会发展研究院的指导下，由高端智库主建单位北京师范大学中国教育政策研究院精心组织完成。这套丛书也是教育部哲学社会科学研究重大课题委托研究项目"中国共产党百年教育史研究"（20JZDW006）成果的一部分。今年是中国共产党创建一百周年，我们怀着无限的热情投入到这套丛书的研究和撰写工作中，以此向建党一百周年献礼。担任这套丛书编写工作的主要负责人有：李芒、张志勇、薛二勇、张伟远、周海涛、李琼、余胜泉、刘宝存、余雅风。他们都是中国教育政策研究院的团队首席专家或专家。在组织编写过程中，北京师范大学中国教育政策研究院薛二勇教授、教育部普通高校人文社会科学重点研究基地北京师范大学教师教育研究中心博士后刘丽莎付出了很大努力。本套丛书的编写工作得到了中国教育出版传媒集团有限公司、人民教育出版社的大力支持，在此一并表示感谢。

本套丛书主题宏大、体系庞大、价值重大，在研究和写作过程中我们克服了不少困难。由于我们的研究水平有限，难免存在不足之处，敬请读者批评指正。

朱旭东
2021年3月

本册前言

改革开放以来,我国教育对外开放全面贯彻党的教育方针以及党和国家关于改革开放的总体部署,取得了辉煌的成就。比如,出国留学教育成绩显著,利用国际优质教育资源为我国培养了一大批急需的人才。2019年出国留学人数达到70.35万人,在1978—2019年的各类出国留学人员中,有490.44万名留学生在完成学业后选择回国发展,占已完成学业留学生人数的86.28%。来华留学教育发展迅速,培养了大批知华、友华、爱华的国际人才。2018年,共有49.22万名外国留学生在我国高等院校学习,其中学历生25.81万人,占总数的52.44%,我国已成为亚洲最大的留学目的地国。中外合作办学规模不断壮大,中外合作办学已成为我国教育事业的重要组成部分。截至2021年4月,全国经批准设立的中外合作办学机构和项目2 389个(含与港澳台地区合作办学机构和项目),其中,本科以上层次的中外合作办学机构和项目共计1 281个,包括机构134个,项目1 147个。境外办学稳步推进,不断扩大我国教育的国际影响力和竞争力。截至2018年6月,我国大陆共有84所高校开展境外办学,境外办学机构和项目共128个。[1]汉语国际推广事业取得重大进展,汉语正日益成为一门世界性的语言。外国专家与外籍教

---

[1] 姜泓冰. 高校境外办学研讨会举行[N]. 人民日报,2018-07-04(12).

师引进后向高层次团队发展,提升了我国高校教师队伍的国际化水平。据统计,自2006年至2018年上半年,全国共有110余所高校的475个引智基地获批"高等学校学科创新引智计划"立项建设。另外,我国还充分发挥负责任大国的作用,积极参与全球教育治理,不断贡献中国智慧和力量。改革开放以来教育对外开放取得的这些成就,为提升我国教育质量和国际影响力以及推进我国社会主义现代化建设等方面提供了有力支撑。

党的十九大报告明确提出了新的"三步走"战略,其中2035年的宏伟蓝图是:"到那时,我国经济实力、科技实力将大幅跃升,跻身创新型国家前列;人民平等参与、平等发展权利得到充分保障,法治国家、法治政府、法治社会基本建成,各方面制度更加完善,国家治理体系和治理能力现代化基本实现;社会文明程度达到新的高度,国家文化软实力显著增强,中华文化影响更加广泛深入;人民生活更为宽裕,中等收入群体比例明显提高,城乡区域发展差距和居民生活水平差距显著缩小,基本公共服务均等化基本实现,全体人民共同富裕迈出坚实步伐;现代社会治理格局基本形成,社会充满活力又和谐有序;生态环境根本好转,美丽中国目标基本实现。"

教育在社会经济发展中起着基础性、全局性和先导性作用。为了为实现新的"二步走"战略,决胜全面建成小康社会,实现新时代中国特色社会主义发展的奋斗目标提供有力支撑,2019年2月,中共中央、国务院印发了《中国教育现代化2035》。《中国教育现代化2035》明确提出了推进教育现代化的总体目标:到2035年,总体实现教育现代化,迈入教育强国行列,推动我国成为学习大国、人力资源强国和人才强国,为到21世纪中叶建成富强民主文明和谐美丽的社会主义现代化强国奠定坚实基础。《中国教育现代化2035》还聚焦教育发展的突出问题和薄弱环节，重点部署了面向教育现代化的十大战略任务：一是学习习近平新时代中国特色社会主义思想，二是发展中国特色世界先进水平的优质教育，三是推动各级教育高水平高质量普及，四是实现基本公共教育服务均等化，五是构建服务全民的终身学习体系，六是提升一流人才培养与创新能力，七是建设高素质专业化创新型教师队伍，八是加快信息化时代教育变革，九是开创教育对外开放新格局，十是推进教育治理体系和治理能力现代化。可见，教育对外开放是全面推进教育现代化的重要举措，开创教育对外开放新格局，进一步提升我国教育的影响力和竞争力，将是新时代我国教育改革发展的重要政策取向，也是我国全面推进教育现代化的前提和条件。

教育对外开放是我国对外开放的重要组成部分，开创教育对外开放新格局，必须将扩大教育开放纳入我国对外开放大局，以服务党和国家对外开放工作大局为宗旨，统筹国内国际两个大局、发展安全两件大事，积极服务"一带一路"倡议，全面加强与世界各国和国际组织的教育合作，不断丰富教育开放内涵，构建中外教育交流合作新格局，提升中外合作办学的质量，优化出国留学服务体系，打造国际留学中心，开发国际一流教育资源，完善中外人文交流全球布局，促进孔子学院和孔子课堂特色发展，稳妥推进境外办学，积极参与全球教育治理，全面做强中国教育，全面提高教育开放水平和国际影响力，为实现教育现代化、建设教育强国从而实现新时代中国特色社会主义发展的奋斗目标贡献力量，为构建人类命运共同体作出重要贡献。

本书是编写组在认真学习和领会《中国教育现代化2035》文件精神基础上编写完成的，是集体努力的结晶。本书的整体框架由刘宝存设计提出，经课题组讨论后分章撰写，具体分工如下：第一章由济南大学张继桥负责，第二章由北京师范大学刘宝存、张瑞芳负责，第三章由北京师范大学彭婵娟负责，第四章由北京师范大学王婷钰负责，第五章由北京师范大学张金明负责，第六章由中央民族大学傅淳华负责，第七章由北京师范大学刘宝存、黄秦辉负责，第八章由北京师范大学刘宝存、张瑞芳负责，第九章由清华大学段世飞负责。最后，由刘宝存和张继桥负责书稿的统稿工作。

由于我们政策水平和学术水平有限，难免有错误和浅陋之处，希望各位专家批评指正。在研究和撰写过程中，我们参考了国内外的许多研究成果，未能一一列出，敬请谅解。

刘宝存

2021年5月

目　录

第一章　构建中外教育交流合作新格局 / 1
第一节　中外教育交流合作的内涵和意义 / 1
第二节　中外教育交流合作取得的进展与存在的问题 / 10
第三节　构建中外教育交流合作新格局的政策走向 / 20

第二章　提升中外合作办学质量 / 29
第一节　中外合作办学的内涵和意义 / 29
第二节　中外合作办学取得的进展与存在的问题 / 34
第三节　提升中外合作办学质量的政策走向 / 42

第三章　优化出国留学服务 / 47
第一节　出国留学教育的内涵和意义 / 47
第二节　出国留学教育取得的进展与存在的问题 / 54
第三节　优化出国留学服务的政策走向 / 65

第四章　打造国际留学中心 / 73
第一节　国际留学中心的内涵和意义 / 73
第二节　国际留学中心建设取得的进展与存在的问题 / 82
第三节　打造国际留学中心的政策走向 / 92

第五章　开发国际一流教育资源 / 99

第一节　国际一流教育资源的内涵和意义 / 99

第二节　国际一流教育资源开发取得的进展与存在的问题 / 107

第三节　开发国际一流教育资源的政策走向 / 115

第六章　完善中外人文交流全球布局 / 120

第一节　中外人文交流的内涵和意义 / 121

第二节　中外人文交流取得的进展与面临的问题 / 127

第三节　完善中外人文交流全球布局的政策走向 / 135

第七章　促进孔子学院和孔子课堂特色发展 / 140

第一节　孔子学院和孔子课堂的内涵和意义 / 140

第二节　孔子学院和孔子课堂取得的进展与存在的问题 / 147

第三节　促进孔子学院和孔子课堂特色发展的政策走向 / 159

第八章　稳妥推进境外办学 / 167

第一节　境外办学的内涵和意义 / 167

第二节　境外办学取得的进展与存在的问题 / 172

第三节　稳妥推进境外办学的政策走向 / 181

第九章　积极参与全球教育治理 / 185

第一节　全球教育治理的内涵和意义 / 185

第二节　参与全球教育治理取得的进展与面临的问题 / 194

第三节　积极参与全球教育治理的政策走向 / 204

主要参考文献 / 211

第一章　构建中外教育交流合作新格局

中外教育交流合作是我国教育对外开放的重要组成部分，在实现教育现代化及推进经济社会发展方面具有重要意义。《中国教育现代化2035》提出"构建中外教育交流合作新格局"。构建中外教育交流合作新格局成为我国教育对外开放的重要政策。本章主要探讨中外教育交流合作新格局的内涵和意义，总结中外教育交流合作取得的进展和存在的问题，分析构建中外教育交流合作新格局的政策走向。

第一节　中外教育交流合作的内涵和意义

中外教育交流合作是指我国与国外开展的教育交流合作活动，具有丰富的内涵和外延。实践已证明，中外教育交流合作对我国教育现代化建设、我国教育的改革与发展以及"一带一路"倡议等具有极其重要的意义。

一、中外教育交流合作的内涵

当前，针对教育领域的对外交流合作并无专门统一的提法，有中外教育交流合作、教育对外交流合作、教育国际交流合作、教育对外开放、教育国际化等。以上提法中，中外教育交流合作与教育对外交流合作、教育国际交流合作等类似提法只是表述上的不同，在内涵与外延上并无区别。而中外教育交流合作与教育对外开放、教育国际化则并不等同，既有联系又有区别。

（一）中外教育交流合作的概念

中外教育交流合作特指中国与外国的教育交流合作，属于教育国际交流合作的范畴，它是与国内的教育交流合作相对而言的。当前，"一国两制"是我国的基本国策，在香港、澳门与台湾地区实行不同的社会制度。在此背景下，内地（大陆）与香港、澳门、台湾地区的教育交流合作通常在政策上比照为中外教育交流合作，被纳入整个教育对外开放的框架与体系之内。教育部在《教育部2019年工作要点》中将"积极推动内地与港澳教育交流合作，持续扩大大陆与台湾教育交流合作，为港澳台青年来内地（大陆）学习、就业、创业、交流提供更多机会与便利"列入第27条要点"扩大教育对外开放"中的工作措施之一。因此，通常情况下，中外教育交流合作亦包括内地（大陆）与香港、澳门和台湾地区的教育交流合作。

（二）中外教育交流合作与教育对外开放的区别与联系

改革开放以来，教育对外开放一直贯穿于我国对外开放的全过程。教育对外开放是我国对外开放事业的重要组成部分，与我国的整个对外开放同频共振、同向而行。在改革开放40余年的实践中，教育对外开放取得了巨大发展成就，为我国教育事业的发展作出了巨大贡献。教育事业既在对外开放中发展壮大，又在对外开放中走向世界。[①]

中外教育交流合作与教育对外开放的区别与联系主要体现为四个方

---

① 瞿振元. 做好新时代教育对外开放 [N]. 中国教育报，2018-04-10（1）.

面：第一，中外教育交流合作与教育对外开放在时间指代上不同。中外教育交流合作指的是中国与外国的教育交流合作活动，自古有之，具有悠久的历史。而通常情况下，教育对外开放则特指改革开放之后我国教育面向世界开放发展的过程与指向，是我国整个对外开放的一部分，是与我国改革开放相对应的一个范畴。第二，中外教育交流合作与教育对外开放的实施主体不同。中外教育交流合作是以中外双方为实施主体，而教育对外开放以一方为实施主体。单就我国的教育对外开放而言，我国是实施主体。第三，中外教育交流合作与教育对外开放的逻辑起点不同。中外教育交流合作以中外教育的交流与合作为逻辑起点，而教育对外开放以教育面向世界的开放为逻辑起点。第四，中外教育交流合作与教育对外开放涵盖的内容不同。中外教育交流合作指的是中外教育之间的交流与合作，而教育对外开放既包括教育对外的交流与合作，又包括教育自身的改革与提升。

（三）中外教育交流合作与教育国际化的区别与联系

教育国际化是教育国际性的体现。自20世纪下半叶以来，在经济全球化和信息科技革命的推动下，教育的国际性越发显现，世界范围内的教育国际化发展迅速。当前，对于什么是教育国际化，尚未有一个被广泛认可的统一的提法。教育国际化是一个动态的不断发展变化的概念，不同学者、国际组织与政策制定者等总是依据自己所处的民族国家背景与研究旨趣来描述教育国际化，构筑自己的教育国际化的文本性概念框架。[①] 加拿大学者简·奈特（Jane Knight）认为，高等教育国际化指在国家与院校层面把国际的、跨文化的或全球的维度整合进高等教

---

① 杨启光. 教育国际化进程与发展模式［M］. 北京：社会科学文献出版社，2011：38.

育目的、功能和运作中的过程。① 我国学者陈昌贵等认为，教育国际化是指为了服务于多个目的（知识的、政治的、经济的和文化的等），学校在内力（知识的普遍性）和外力（政治、经济和文化的需要）的推动下，其内部国际性特质通过各要素的活动显现出来的过程。② 我国学者杨启光指出，教育国际化是教育的国际性不断增强的一个过程，是不同国家间教育跨越国界的交流、合作与融合趋势趋于不断增强的发展进程，其实质是通过各国教育的不断开放，实现人类多元文化的理解与融合。③ 由此可见，无论从哪一个角度对教育国际化进行界定，教育国际化均可被看作是一个过程，是教育观念、教学内容、教学方式、教学环境以及师资队伍、学生构成等的国际性不断增强的过程。

中外教育交流合作与教育国际化的区别和联系主要体现为以下三个方面：第一，中外教育交流合作与教育国际化的实施主体不同。中外教育交流合作是以中外双方为实施主体，而教育国际化以一方为实施主体。单就我国的教育国际化而言，我国是实施主体。第二，中外教育交流合作与教育国际化的逻辑起点不同。中外教育交流合作以中外双方的教育交流与合作为逻辑起点，而教育国际化则以教育的国际性以及这种国际性不断增强的过程为逻辑起点。第三，中外教育交流合作与教育国际化涵盖的内容不同。中外教育交流合作是教育国际化的手段和主要内容之一，而教育国际化的手段和内容具有多样性，不仅包括中外教育交流合作，还包括教育观念、教学内容、教学方式等方面的国际化。我国

---

① Jane Knight. Internationalization Remodeled: Definition, Approaches, and Rationales [J]. Journal of Studies in International Education, 2004, 8(1): 5–31.
② 陈昌贵，谢练高. 走进国际化：中外教育交流与合作研究 [M]. 广州：广东教育出版社，2010：4.
③ 杨启光. 教育国际化进程与发展模式 [M]. 北京：社会科学文献出版社，2011：62.

于2010年颁布实施的《国家中长期教育改革和发展规划纲要（2010—2020年）》中明确提出，开展多层次、宽领域的教育交流与合作，提高我国教育国际化水平。因此，中外教育交流合作是提高教育国际化水平的重要手段和有效途径。就我国的教育国际化而言，这个过程的实现很大程度上要依赖于中外教育交流合作的实施与开展。

二、中外教育交流合作的意义

中外教育交流合作是我国教育对外开放的重要内容，是增强我国教育实力和国际影响力的重要途径，对于我国教育改革与发展、推进中外人文交流、提高教育国际化水平、参与全球教育治理以及推进"一带一路"倡议的顺利实施等具有重要意义。

（一）中外教育交流合作是我国教育强国和教育现代化建设的内在要求

教育强国与教育现代化建设为新时代我国教育事业规划了发展蓝图，指明了发展方向。教育强国与教育现代化是相辅相成的关系，教育强国的实现之日即是教育现代化的建成之时。《中国教育现代化2035》的出台为教育强国与教育现代化建设确立了建设目标，明确了建设路径。在教育强国与教育现代化的建设征程中，中外教育交流合作则是不可缺少的重要一环。教育强国与教育现代化建设需要宽广的国际视野，需要借鉴吸收世界上教育发展的有益经验，需要积极引进国外的优质教育资源为我国所用，亦需要与联合国教科文组织等国际组织和多边组织开展合作等，这些都离不开中外教育交流合作。因此，与国外开展全方位、多层次的教育交流合作是我国教育强国与教育现代化建设的内在要求，是推进教育强国与教育现代化建设的重要举措。

教育强国和教育现代化建设需要持续不断地对教育进行改革，而中外教育交流合作可为我国教育改革提供成功经验和改革动力。我国于2010年颁布实施的《国家中长期教育改革和发展规划纲要（2010—2020年）》明确提出，坚持以开放促改革、促发展，借鉴国际上先进的教育理念和教育经验，促进我国教育改革发展，提升我国教育的国际地位、影响力和竞争力。2014年12月5日，在中共中央政治局第十九次集体学习时，习近平指出，不断扩大对外开放、提高对外开放水平，以开放促改革、促发展，是我国发展不断取得新成就的重要法宝。因此，我们必须坚持中外教育交流合作，发挥中外教育交流合作在促进教育改革、发展中的重要作用。

（二）中外教育交流合作是推进"双一流"建设的重要抓手

加快世界一流大学和一流学科建设，实现高等教育内涵式发展是党和国家基于世界高等教育发展态势及我国高等教育发展实际作出的重大战略决策，亦是我国教育强国和教育现代化建设的重要路径。2015年10月，国务院颁布实施的《统筹推进世界一流大学和一流学科建设总体方案》（以下简称《方案》），将"推进国际交流合作"作为"双一流"建设的五项改革任务之一。《方案》强调，加强与世界一流大学和学术机构的实质性合作，将国外优质教育资源有效融合到教学科研全过程，开展高水平人才联合培养和科学联合攻关。《方案》还强调，积极参与国际教育规则制定、国际教育教学评估和认证，切实提高我国高等教育的国际竞争力和话语权，树立中国大学的良好品牌和形象。"双一流"建设要对标当前的世界一流大学和一流学科，要以其为重要参照物。与国外一流大学和学术机构开展教育交流合作既是"双一流"建设的重要抓手，亦是"双一流"建设的有效途径。对此，中共中央办公厅、国务院办公厅印发的《关于做好新时期教育对外开放工作的若干意见》亦强调，借鉴世界名校先进管理经验，完善内部治理结构，加快建设具有中国特色的现代大学制度，助推一流大学和一流学科建设。

（三）中外教育交流合作是推进中外人文交流的重要支柱

党的十八大以来，中外人文交流事业蓬勃发展。2018年12月21日，中国—印度高级别人文交流机制首次会议在新德里举行。当前，我国已先后与俄罗斯、美国、英国、欧盟、法国、印度尼西亚、南非、德国、印度建立起了涵盖教育、科技、文化、卫生与体育等领域的九大高级别人文交流机制。中外人文交流已成为党和国家对外工作的重要组成部分，成为夯实中外关系的社会民意基础、提高我国对外开放水平的重要途径，与政治互信、经贸合作一道构成我国对外交往中的"三驾马车"。作为中外人文交流重点领域的教育交流则在中外人文交流中发挥着先导性和基础性作用，是中外人文交流的重要支柱。对于教育交流在对外交往中的重要作用，美国公共外交咨询委员会（The U. S. Advisory Commission on Public Diplomacy）曾在《21世纪的国际外交》中指出，对外交流和培训对美国的外交关系有着直接的和多重的影响，是最有价值的工具之一。① 中外教育交流合作发挥教育在人才培养、技能培训、学术交流、科研合作等方面的独特优势和作用，为中外人文交流搭建民心相通的桥梁，为中外文明交流互鉴构建坚实的民意基础。

（四）中外教育交流合作是提高我国教育国际化水平的有效途径

当前，世界范围内的教育国际化趋势日益增强，教育国际化潮流方

---

① 陈学飞. 高等教育国际化：跨世纪的大趋势[M]. 福州：福建教育出版社，2002：16.

兴未艾。实施教育国际化战略、推进教育国际化发展是发达国家的普遍选择，也是我国提高教育国际竞争力、有效参与全球教育治理的必然选择。教育国际化水平是衡量我国教育国际竞争力的重要尺度，是构成我国参与全球教育治理能力的重要因素。教育现代化和教育强国建设过程亦是教育国际化水平不断提升的过程。我国的教育国际化建设既要坚持扎根中国，又要融通中外；既要"引进来"，又要"走出去"；既要对接国际标准，又要引领标准创制。以上种种均需要开展中外教育交流合作。中外教育交流合作既是我国教育国际化建设的重要内容，又是我国教育国际化建设的有效途径。中外教育交流合作一方面推进我国教育理念、教学方式、教学内容、教学环境、师资队伍、学生构成、人才培养等方面的国际化；另一方面推动我国教育融入世界教育发展大潮，为世界教育改革与发展提供中国智慧和中国方案，为构建人类命运共同体贡献力量。

（五）中外教育交流合作是我国参与全球教育治理的必然选择

参与全球教育治理既是增强我国教育影响力、为世界教育发展贡献中国智慧和中国方案的必然选择，同时又是维护我国教育主权和发展利益、为我国教育发展赢得有利环境的有效途径。中共中央办公厅、国务院办公厅印发的《关于做好新时期教育对外开放工作的若干意见》对参与全球教育治理进行了部署：通过提升发展中国家在全球教育治理中的发言权和代表性，选拔推荐优秀人才到国际组织任职，完善金砖国家教育合作机制，拓展有关国际组织的教育合作空间，积极参与全球教育治理。参与全球教育治理必须坚持中外教育交流合作，中外教育交流合作是我国参与全球教育治理的必然选择。我国要通过中外教育交流合作参加更多的教育国际组织，培养更多的能够在教育国际组织中任职的优秀人才，倡导建立健全区域性或次区域性教育合作机制，逐步提高我国在全球教育治理中的发言权和代表性，推动形成更加公正、合理、有序的全球教育治理格局，为世界教育事业发展作出更大的贡献。

（六）中外教育交流合作是"一带一路"倡议的基石

"一带一路"倡议不是弱肉强食，不是零和博弈，而是共谋发展，是互利共赢。"一带一路"倡议的目的是推进共同发展，实现共同繁荣，共创人类美好社会。"一带一路"倡议的原则是坚持共商、共建、共享。"一带一路"倡议理念的普及以及倡议目的的实现、倡议原则的贯彻很大程度上要依赖于教育领域的交流合作：一是依赖于通过教育交流合作实现民意相通、民心相连，为"一带一路"倡议普及共谋发展、互利共赢的理念，奠定共商、共建、共享的民意基础；二是依赖于通过教育交流合作培养、培训"一带一路"倡议所需的各类人才，为"一带一路"倡议提供强大的人才资源和智力支撑；三是依赖于通过教育交流合作互学互鉴，携手促进沿线各国教育发展，全面提升区域教育发展水平，建设"一带一路"教育共同体。从这个意义上讲，中外教育交流合作是"一带一路"倡议的基石，是"一带一路"倡议的根基。"一带一路"倡议中的中外教育交流合作要以青年人才的培养为重点，通过实施"丝绸之路"留学推进计划、"丝绸之路"合作办学推进计划、"丝绸之路"师资培训推进计划、"丝绸之路"人才联合培养推进计划等开展人才培养合作。

第二节 中外教育交流合作取得的进展与存在的问题

当前，中外教育交流合作已形成全方位、宽领域、多层次的教育交流合作格局，取得了令世人瞩目的发展成就，为提升我国教育质量和国际影响力以及推进我国社会主义现代化建设等方面提供了有力支撑。但我们应清醒地认识到，中外教育交流合作亦存在着一些问题，需要我们予以正视并逐步加以解决。

一、中外教育交流合作取得的进展

新中国成立后尤其是改革开放以来，中外教育交流合作不断深入，范围不断扩大，层次不断提升，取得了重大进展。当前，中外教育交流合作已成为我国教育事业改革与发展的重要驱动力量，在我国教育现代化建设进程中的作用越发显现。

（一）教育交流合作机制建设取得较大成效

我国积极开展与世界各国和地区的教育交流合作。随着我国综合国力以及国际影响力的提升，我国教育对外交流合作的朋友圈逐步扩大。在国家层面上，根据教育部门统计，当前，我国已与188个国家和地区建立了教育合作与交流关系。学校层面的教育交流合作则是通过签署校际友好协议或有关项目合作协议，开展师生交流、人才联合培养、合作办学、国际科研合作等。在学校层面上，高校与国外高校开展的交流合作成为学校层面对外教育交流合作的主体，发挥着主体作用。

当前，我国对外教育交流合作的机制建设已取得较大成效。这些机制主要体现为政府层面的政府间合作组织、教育部长会议以及学校层面的校长论坛或大学联盟。政府层面的政府间合作组织或教育部长会议主要有上海合作组织、东亚峰会、亚太经合组织、亚欧会议、亚洲相互协作与信任措施会议、金砖国家峰会、中阿合作论坛、东南亚教育部长组织、中非合作论坛、中巴经济走廊、孟中印缅经济走廊、中蒙俄经济走廊、金砖国家教育部长会议、中国—中东欧国家教育政策对话等。学校层面的大学校长论坛或大学联盟主要有中日韩大学交流合作促进委员会、中阿大学校长论坛、中非高校"20+20"合作计划、中日大学校长论坛、中韩大学校长论坛、中俄大学联盟、金砖国家大学联盟、金砖国家网络大学、中国—中东欧国家高校联合会等。实践证明，这些平台在推动并深化中外教育合作交流方面扮演了重要角色。此外，中外高级别人文交流机制建设则对中外教育交流合作有着巨大的推动作用。截至2018年，我国已经先后与俄罗斯、美国、英国、欧盟、法国、印度尼西亚、南非、德国、印度建立起九个高级别人文交流机制。这些人文交流机制的建立为我国与有关国家开展教育交流合作搭建了重要平台。

（二）学历学位互认粗具规模

世界各国和地区由于国情和社会制度不同，学历学位管理体制和学位授予政策体系亦呈现出较大的差异。开展学历学位互认是国际学生流动的前提条件和有效保障，因此成为各国和地区推进教育交流合作的重要内容。改革开放以来，随着我国教育事业的不断发展，我国的教育质量不断获得国际社会的认可，我国与世界各国和地区签署的学历学位互认协议逐渐增多，我国亦积极参与到学历学位互认国际多边条约的签署。当前，我国开展的学历学位互认粗具规模，主要有两种方式：一是我国政府与有关国家和地区政府签署关于学历学位互认的双边协议或备忘录；二是我国政府参加国际上有关学历学位互认的多边条约。在双边协议的签署方面，根据教育部门统计，截至2016年年底，我国已与47个国家和地区（其中"一带一路"沿线国家有24个）签署了学历学位互认协议。在多边条约的签署方面，我国于1983年参与签署《亚洲和太平洋地区承认高等教育学历、文凭与学位的地区公约》。

（三）国外教师和科研人员引进成绩斐然

引进国外教师与科研人员作为我国教育领域教师与科研人员的有益补充，是中外教育交流合作的重要内容，是高校师资队伍国际化建设、提高教学科研水平和人才培养质量的有效保证。近年来，国外教师与科研人员的引进实现了由个体引进向团队引进、由低层次引进向高层次引进的转变，极大地提高了引进效益。据统计，自2006年至2018年上半年，全国共有110余所高校的475个引智基地获批教育部与国家外国专家局"高等学校学科创新引智计划"立项建设。2008年，我国启动实施"千人计划"，大力引进海外高层次人才。2011年，我国启动实施"千人计划"外专项目作为国家"千人计划"中专门引进非华裔外国专家的项目平台，计划用10年时间引进500—1 000名高层次外国专家。当前，国外教师和科研人员的引进已形成涵盖"千人计划""高等学校学科创新引智计划""高校国际化示范学院推进计划"等国家级项目和"百人计划""高端外国专家项目"等省市级项目在内的项目体系。引进的国外教师与科研人员已成为我国高校师资队伍尤其是高水平师资队伍的重要构成，成为我国"双一流"和高等教育强国建设征程中一支不可或缺的生力军。

（四）共建"一带一路"教育行动初见成效

"一带一路"倡议的实施对中外教育交流合作提出了新的使命和要

求，赋予了中外教育交流合作新的机遇和内涵。教育在"一带一路"建设中具有基础性和先导性作用。"一带一路"建设需要民心相通，需要大批非通用语种、涉外法律、涉外管理、涉外经贸等方面的人才。而教育交流合作则为"一带一路"沿线国家民心相通架设桥梁，为"一带一路"建设提供智力支持与人才支撑。自"一带一路"倡议实施尤其是教育部发布《推进共建"一带一路"教育行动》以来，我国与"一带一路"沿线国家的教育交流合作深入开展，结出累累硕果。根据教育部门统计，截至2018年年底，我国已与24个"一带一路"沿线国家签署高等教育学历学位互认协议，共有60所高校在23个沿线国家开展境外办学，16所高校与沿线国家建立了17个教育部国际合作联合实验室。在来华留学教育方面，2017年，共有31.72万名沿线国家留学生来华留学，占来华留学总人数的64.85%。"一带一路"沿线国家已成为来华留学教育的主要生源国家。

值得一提的是，"一带一路"建设需要大量的职业技能型人才，职业教育的交流合作在共建"一带一路"教育行动中具有重要而独特的地位。在职业教育交流合作方面，天津市进行了有益的探索。2016年，天津市率先推动并组织实施"鲁班工坊"建设项目，开展职业技能人才的国际合作培养。截至2018年年底，天津市有关院校与相关行业企业合作已在泰国、印度、英国、印度尼西亚、巴基斯坦、柬埔寨和葡萄牙建设了7个"鲁班工坊"，共涉及自动化、新能源、机械、汽车、铁道、通信、电子信息、餐饮等8类19个专业，建立起从中等职业学校到高等职业院校再到本科院校，从技术技能培训到学历教育全覆盖的职业教育输出体系。"鲁班工坊"项目提高了我国职业教育的国际知名度，树立了我国职业教育的良好国际形象。当前，"鲁班工坊"已成为"一带一路"

职业教育国际合作的知名品牌项目，为我国教育"走出去"产生了很好的示范效应。

（五）与联合国教科文组织等国际组织和多边组织的合作有序推进

联合国教科文组织（United Nations Educational, Scientific and Cultural Organization，简写为UNESCO）、联合国儿童基金会（United Nations International Children's Emergency Fund，简写为UNICEF）、亚太经合组织（Asia-Pacific Economic Cooperation，简写为APEC）等国际组织和多边组织在全球教育治理中具有极为重要的地位和话语权。与以上组织开展教育交流合作是我国参与全球教育对话的重要途径，是我国参与全球教育治理的必然选择。我国一向重视与上述组织开展教育交流合作，重视提高我国在全球教育对话与全球教育治理中的参与度和话语权。据教育部门统计，当前，我国已与46个重要国际组织建立了教育合作与交流关系。

与联合国教科文组织的交流合作在我国与国际组织和多边组织的合作中居于重要地位。1979年，中国联合国教科文组织全国委员会成立，归口负责中国与联合国教科文组织之间的合作事务。1984年，联合国教科文组织北京办事处成立。2002年，联合国教科文组织北京办事处升级为东亚地区5国办事处，其业务覆盖地区包括中国、朝鲜、日本、蒙古国和韩国。近年来，我国与联合国教科文组织的合作逐步深化，联合国教科文组织的重要岗位上开始出现我国人员的身影。2013年11月5日，时任中国教育部副部长、中国联合国教科文组织全国委员会主任、教科文组织执委郝平在联合国教科文组织第37届大会上被选为大会主席，任期两年。这是联合国教科文组织历史上首次选举中国代表担任大会主席。2017年，国家留学基金管理委员会设立并实施国际组织实习项目，选派学生赴联合国教科文组织总部及其地区办事处（驻华办事处除外）实习。

此外，我国与联合国儿童基金会、亚太经合组织等有关组织开展深入的交流合作。我国与联合国儿童基金会的教育合作项目始于1982年。联合国儿童基金会配合并支持我国教育部门开展"两基"工程，发展贫困地区的基础教育，加强师资培训体系建设和开展农村远程教育项目，开展课程改革和教材开发，建立全国教育规划和监测信息网络，等等。我国与亚太经合组织在教育方面的合作主要是参与亚太经合组织人力资源开发工作组下辖的教育网络（Education Network，简写为EDNET）的有关活动。自1992年以来，我国教育部门积极参与亚太经合组织教育网络中的各项活动，发挥了建设性作用。2004年和2008年，我国教育部门分别在北京和西安举办了"APEC教育部长会预备会"，为第三、第四届亚太经合组织教育部长会议的成功召开奠定了基础，受到各方好评。

二、中外教育交流合作存在的问题

当前，面对党和国家对外开放大局的新形势，面对教育现代化建设的新需要，中外教育交流合作亦存在着一些问题和不足，主要表现为布局不平衡、学历学位互认进展缓慢、"一带一路"教育共同体建设滞后等方面的问题。

（一）教育对外交流合作布局不平衡

教育对外交流合作布局不平衡主要表现为两个方面：一是当前我国对外教育交流合作以与欧美发达国家和地区开展为主，与亚非拉等不发达国家和地区的教育交流合作相对处于次要位置；二是当前我国对外教育交流呈现出明显的区域性特点，例如，我国与东盟的教育交流合作较为活跃，而与同为"一带一路"沿线的西亚、中东欧的教育交流合作则相对较少。究其原因：一是我国尚为发展中国家，发达国家在科学知识、技术、资金以及教育资源上具有相对优势，我国尚需通过教育交流合作吸收借鉴发达国家的科学技术和教育资源为我所用；二是各国的历史文化传统、社会制度、法律体系、民族宗教、教育体制以及教育涉外政策等客观上对我国开展对外教育交流合作有着直接或间接的重要影响，这在亚非拉等不发达国家和地区表现得尤为明显；三是部分高校在教育对外交流合作中采取有差别的对待，在与欧美发达国家和地区交流合作时表现得非常积极，而在与亚非拉等不发达国家和地区开展交流合作时则表现得不情愿，消极应对甚至予以拒绝。

（二）学历学位互认协议签署进展缓慢

与世界各国开展学历学位互认是我国教育对外交流合作的重要内容，也是我国教育"走出去"的必然要求。然而当前，我国在这方面的工作进展得并不理想。截至2019年3月，与我国建交的国家为178个，而我国仅与47个国家和地区签署了学历学位互认协议。相对于与我国建交的国家数量，与我国签署学历学位互认协议的国家数量明显偏低。其中，与我国签署学历学位互认协议的"一带一路"沿线国家仅为24个，数量尚不及"一带一路"沿线国家数量的一半。学历学位互认是国际学生流动以及教育跨境办学的重要影响因素，学历学位互认签署国的数量少是我国当前教育对外布局中相对突出的问题，对我国教育"走出去"以及参与共建"一带一路"教育行动等构成了较大影响和制约。

(三)对国外教师、科研人员的服务水平有待提升

近年来,我国高校通过引进一大批国外优秀教师和科研人员,优化了师资队伍结构,提高了学校人才培养、科学研究、学科专业建设的国际化水平,提升了学校的办学实力和国际影响力,为"双一流"建设提供了有力支撑。国外优秀教师和科研人员的引进需要良好的国际化教学科研环境、适宜的居住条件以及优质的社会服务体系作保障。但从全国范围来看,我国高校对引进的国外优秀教师、科研人员的服务水平有待提升,具体表现为国际化的校园文化氛围远未形成,国际标准的教学科研硬件设施不足,国际标准的教学科研服务水平欠缺,国际化办学的体制机制不完善,优质的社会服务体系尚未建成等。这在一定程度上对国外教师和科研人员的引进构成了较大制约,需要我们予以重视并加以解决。

(四)"一带一路"教育共同体建设滞后

教育共同体是"一带一路"倡议的核心内容,它以培养人才为核心任务,以满足沿线国家经济、文化和社会发展,实现共同利益为最终目的,通过教育项目、教育模式、治理机制创新,推动中国和沿线国家在教育领域的共荣共通、合作共赢。① 但当前阶段,"一带一路"教育共同体建设滞后于"一带一路"建设进程。这主要表现为两个方面:一是"一带一路"建设所需的国际化人才匮乏,国际化人才供给无法满足"一带一路"建设的需要;二是"一带一路"沿线有关国家尚未建立起教育政策沟通平台以及教育资源信息服务综合平台,教育政策沟通与教育资源信息交流缺乏有效机制。调查发现,63%的"走出去"企业中高

---

① 郄海霞,刘宝存. "一带一路"教育共同体构建与区域教育治理模式创新[J]. 湖南师范大学教育科学学报,2018,17(6):37-44.

层管理人员认为，国际人才短缺是影响企业"走出去"的主要因素，而且，随着"一带一路"倡议的推进，国际化人才不足将成为我国企业开展对外投资、扩大国际化经营规模、提高国际化管理水平的主要制约因素。① 另外，教育共同体建设需要搭建教育政策沟通的平台，建立教育政策对话的机制以及教育资源信息服务机制。当前，除个别区域性的教育政策对话机制之外，"一带一路"区域尚未建立相关的平台机制。

（五）国际组织人才培养亟待加强

国际组织职员是主权国家在国际组织内发挥影响力的重要力量。② 国际组织职员对提高我国在国际的议程设置能力和议事决策能力至关重要。但是目前我国在联合国等重要国际组织中，代表人数较少、职位偏低，这与我国国际地位以及缴纳的会费数额严重不符。联合国按照会费因素、人口因素、会籍因素三大指标来分配职员比例。2015年，中国缴纳的联合国会费占比5.148%，中国的任职人员理想人数应为119—161人，但实际任职人员只有71人，远没有达到最低水平；2016年，中国会费占比增加到7.9%，我们的任职人员上限达到了200人，但实际任职人数只有81人。③ 近年来我国在培养和输送国际组织人才方面进行了积极的探索，取得了显著的进展，但由于起步较晚，仍有许多问题需要解决，主要表现为：缺乏专门的人才培养协调机构，缺乏明确的人才培养战略规划，国际组织人才培养和选派理论研究薄弱，学科设置和

---

① 王辉耀，孙玉红，苗绿. 企业国际化蓝皮书：中国企业全球化报告（2015）[M]. 北京：社会科学文献出版社，2015：118.

② 刘宝存，肖军. "一带一路"倡议下我国国际组织人才培养的实践探索与改革路径[J]. 高校教育管理，2018，12（5）：1—7.

③ 宋允孚. 国际公务员与国际组织任职[M]. 北京：中国人民大学出版社，2016：4.

师资队伍建设滞后，制度保障不健全，等等。① 国际组织人才培养的薄弱不利于我国在教育国际和多边治理中的话语权的提高，对我国与教育国际组织和多边组织开展深度的交流合作亦构成了一定制约。

---

① 刘宝存，肖军．"一带一路"倡议下我国国际组织人才培养的实践探索与改革路径［J］．高校教育管理，2018，12（5）：1-7．

第三节　构建中外教育交流合作新格局的政策走向

《中国教育现代化2035》对构建中外教育交流合作新格局作出了部署，提出了要求。面向2035年，中外教育交流合作要发挥政策的导向作用，构建起符合新时代对外开放和教育现代化建设需要的新格局，为对外开放各项事业的顺利推进和教育现代化建设目标的实现发挥应有的作用。本节基于《中国教育现代化2035》对构建中外教育交流合作新格局的部署和要求，结合我国教育对外开放的其他相关政策文本，针对当前中外教育交流合作存在的问题，就如何构建中外教育交流合作新格局的政策作解读。

一、全面深化教育国际交流合作

全面深化教育国际交流合作是构建中外教育交流合作新格局的基础。《中国教育现代化2035》对全面深化教育国际交流合作进行了部署：全面深化教育国际交流合作，完善学校、师生与国外双向交流合作机制，鼓励更多学校与海外优质学校建立伙伴关系。当前，我国已与世界上188个国家和地区建立起教育交流合作关系，我国学校亦与世界上的众多学校签署了校际交流合作协议。这为我国全面深化教育国际交流合作奠定了坚实的基础。适应新时代改革开放和教育现代化建设的要求，我们应围绕交流合作机制建设、友校建设、教育交流合作国别与区域布局三个维度全面深化教育国际交流合作。

首先，推动建立起持久稳定的双向交流合作机制。在国家层面上，我国进一步强化与我国具有教育交流合作关系的国家和地区之间的交流合作机制建设，通过政府间合作组织、教育部长会议、成立联合工作委员会或工作组等形式就双方或多方的教育交流合作进行统筹谋划和顶层设计，扎实推进双向的教育交流合作。在学校层面上，鼓励支持学校通过组建校长论坛、成立大学联盟、成立校际合作委员会或工作组等形式就双方或多方的教育交流合作进行整体安排和系统部署，推进双向教育交流合作走向深入。其次，推动学校建立更多的海外优质伙伴。鼓励支持学校根据自身学科专业建设及学校发展需要，寻求与海外更多的优质学校建立伙伴关系，在人才培养、科学研究、社会服务及文化传承创新等方面开展实质性的交流合作，提高学校的办学实力和国际化水平。最后，优化教育交流合作国别与区域布局。基于对外开放工作大局和"一带一路"倡议的需要，有针对性、有重点地与教育交流合作薄弱国家和区域以及广大亚非拉国家和地区开展教育政策对话与沟通，寻求双方教育交流合作的利益交汇点，拓展双方教育交流合作的范围和领域，实现双方教育资源的互联互通和优势互补，推动双方教育事业的共同发展。

二、多渠道引进国外优秀教师、科研人员

国外优秀教师、科研人员是我国教师、科研人员队伍的重要补充和有益构成。引进国外优秀教师、科研人员回国或来华从事教学科研工作是我国教育对外交流合作长期坚持的一项基本政策。为此，《中国教育现代化2035》提出多渠道引进国外优秀教师、科研人员回国或来华开展教学和科研工作。新中国成立70多年的实践证明，引进国外教师与科研人员这一方式为我国高校师资队伍补充了新鲜血液，为我国高校教学科研水平的提升积聚了有生力量，回国或来华从事教学科研工作的国外优秀教师、科研人员为我国高等教育发展和经济社会建设作出了卓越

贡献。引进国外优秀教师、科研人员已成为中外教育交流合作的重要内容，成为高校"双一流"建设的有力支撑。我国一向重视国外教师与科研人员的引进，在一些重大规划或文件中对此均有表述。《国家中长期教育改革和发展规划纲要（2010—2020年）》强调，要吸引更多世界一流的专家学者来华从事教学、科研和管理工作，有计划地引进海外高端人才和学术团队，提高高等学校聘任外籍教师的比例。中共中央办公厅、国务院办公厅印发的《关于做好新时期教育对外开放工作的若干意见》提出，面向全球引进高层次科技创新人才，加快引进世界名校师资，以及推进外籍教师资格认证等要求。在主持中共中央政治局第九次集体学习时，习近平指出："要积极引进海外优秀人才，制订更加积极的国际人才引进计划，吸引更多海外创新人才到我国工作。"①

拓宽引进渠道，打造引进平台，同时，增强对国外优秀教师和科研人员的吸引力，提高他们的幸福感和获得感，是推动更多的国外优秀教师和科研人员回国或来华从事教学科研工作的政策走向。具体来讲，应重点做好以下方面的工作：一是形成组织或参与国际人才交流招聘会，开展校际国际科研合作、教师访学交流等构成的多元化引进渠道，打造"千人计划""高等学校学科创新引智计划"等立体式项目平台；二是营造国际化的校园文化氛围，配备国际标准的教学科研和服务设施，建立国际化办学体制机制和教学科研评价机制，打造良好的国际化教学科研环境；三是简化国外教师和科研人员的审批、签证、居留等手续，建立国外教师和科研人员回国就业创业、落户、子女入学等"一站式"办理平台，为国外教师和科研人员回国或来华工作提供适宜的居住条件，

---

① 习近平. 敏锐把握世界科技创新发展趋势 切实把创新驱动发展战略实施好［N］. 人民日报，2013-10-02（1）.

放宽国外教师和科研人员绿卡发放限制，试点成立外国人专业化社会服务机构，建立优质的社会服务体系；四是建立外籍教师资格制度，推进外籍教师资格认证。

三、选用国际高水平理工类专业课程、教材

理工类专业是培养高层次科技人才的主要专业类别，其专业建设关系到我国科技人才培养的成效以及我国科技强国目标的实现。国际上通常将理工类专业的排名作为衡量一国科技实力的重要标准。鉴于理工类专业的重要性及当前我国理工类专业水平与国际高水平理工类专业存在的差距，《中国教育现代化2035》明确提出，支持有条件的学校选用国际高水平国际理工类专业课程、教材。对于理工类专业应引进国际高水平教育资源，中共中央办公厅、国务院办公厅于2016年4月印发的《关于做好新时期教育对外开放工作的若干意见》予以强调，重点围绕国家急需的自然科学类与工程科学类专业建设，引进国外优质教育资源。

当前，我国理工类专业在世界排名中的优势并不明显，与美国、英国等国家相比依然处于劣势。在2019年，英国全球高等教育研究机构Quacquarelli Symonds（简称QS）发布的世界大学专业排名中，我国尚无排名为世界第1位的专业，而美国有28个专业排名在世界第1位，英国则有13个专业排名在世界第1位；进入世界排名前10位的专业，我国仅有7个，远不及美国的235个、英国的136个，位于瑞士、澳大利亚、加拿大、荷兰之后。在工程技术类的专业世界排名中，我国仅有清华大学、香港科技大学、北京大学进入前20位，位次分别为第10位、第18位、第20位；在生命科学类的专业世界排名中，我国无一高校进入前20位，而美国高校占据了13席；在自然科学类的专业世界排名中，

我国进入前20位的仅有北京大学与清华大学，分别排在第14位、第19位。通过以上对比可知，我国高校的理工类专业实力与美国、英国等国高校的理工类专业相比，仍存在着较大差距。为此，我国应出台政策，制定相关规划，具体措施为：有重点、有步骤地改造升级我国高校现有的理工类专业，鼓励支持"双一流"建设高校在理工类专业建设上紧盯世界科技前沿，积极对标世界一流大学的理工类专业，选用其优质课程、教材，优化课程结构，完善人才培养方案，同时，引进高水平中外师资授课或合作科研，提升理工类专业的教学科研水平。

四、推动我国同其他国家学历学位互认

世界范围内，双边或多边学历学位互认是影响国家和地区之间教育交流合作的重要因素。我国同其他国家的学历学位互认在中外教育交流合作中具有极其重要的基础性地位，发挥着不可替代的导向性作用。《中国教育现代化2035》提出，推动我国同其他国家学历学位互认、标准互通、经验互鉴。《加快推进教育现代化实施方案（2018—2022年）》强调，与世界更多国家和地区签署学历学位互认协议，提高我国学历学位全球认可度。我国一向重视与其他国家学历学位互认工作的开展。《国家中长期教育改革和发展规划纲要（2010—2020年）》明确提出，扩大政府间学历学位互认。《关于做好新时期教育对外开放工作的若干意见》则指出，推动亚太区域内双边多边学历学位互认，支持联合国教科文组织建立世界范围学历互认机制。

针对当前与我国签署学历学位互认协议国家数量偏少的状况，我国应积极行动起来，争取与更多国家尤其是"一带一路"沿线国家签署学历学位互认协议。有研究表明，教育体制和学位制度的不同，课程体系

设置和学习周期的不同，社会经济发展水平与文化传统差异以及一些国家对我国高等教育的教学质量和保障体系不认可等因素是当前制约中外学历学位互认的重要因素。[①] 因此，我国一方面应改革现有的学历学位制度；另一方面应逐步扩大学历学位互认的"朋友圈"。相应政策走向具体包括：一是参照国际上的通行做法，适时出台新的学位法律法规，建立起以学分制为基础的副学士、学士、硕士、博士四级学位制度体系；二是确立国家教育资历框架，建立学分积累与转换制度，推动职业教育与高等教育贯通衔接，实现职业教育与高等教育的学分与资历转换互认；三是建立健全我国教育质量标准体系，注重与国际通用质量标准的贯通与衔接，积极参与国际教育质量标准研究制定，推动落实联合国教科文组织《亚太地区承认高等教育资历公约》，支持联合国教科文组织建立世界范围学历互认机制，提高我国参与国际教育治理的话语权；四是着眼于我国对外交往工作大局及"一带一路"建设的需要，研究制定学历学位互认的相关规划，有计划、有步骤、有重点地推进与有关国家和地区的学历学位互认工作；五是鼓励我国高校与国外有关高校合作开展学分互认、学位互授联授项目，推进学生合作培养、交流互换，提高我国学历学位的国际影响力。

五、扎实推进"一带一路"教育行动

共建"一带一路"是新时代我国推进全方位对外开放的重大举措，是应对当今世界面临的问题与挑战，推进人类经济社会可持续发展的中国智慧和中国方案。"一带一路"沿线国家教育交流合作既是共建"一

---

① 王国鹏. 新形势下中外高校学历学位互认工作存在问题探析［J］. 创新科技，2016（5）：48-50.

带一路"的重要组成部分,又为共建"一带一路"提供人才支撑。扎实推进"一带一路"教育交流与合作是构建中外教育交流合作新格局的重中之重。《中国教育现代化2035》对推进"一带一路"教育行动进行了部署:扎实推进"一带一路"教育行动,加快培养非通用语种、涉外法律等"一带一路"建设急需人才,积极稳妥推动职业学校、高等学校与企业共同"走出去",共建一批人才培养、科技创新和人文交流基地;建设"一带一路"教育资源信息服务综合平台,推进教育政策和标准互通、教育资源互通互联。《加快推进教育现代化实施方案(2018—2022年)》明确将推进共建"一带一路"教育行动作为推进教育现代化的十项重点任务之一。

2016年4月,中共中央办公厅、国务院办公厅印发的《关于做好新时期教育对外开放工作的若干意见》将"实施'一带一路'教育行动,促进沿线国家教育合作"作为新时期教育对外开放的六项重点工作进行了部署。2016年7月,教育部发布《推进共建"一带一路"教育行动》,对"一带一路"沿线国家教育合作的使命、愿景、原则与重点等相关工作进行了阐述。"一带一路"教育行动是"一带一路"倡议有效实施的基础性、支撑性和全局性工程,加快推进"一带一路"教育行动是当前"一带一路"沿线各国教育交流合作的紧迫任务。基于推进教育现代化的需要,今后我们应重点围绕"一带一路"建设需要的国际化人才培养和"一带一路"教育交流合作机制建设开展工作:其一,鼓励支持我国职业学校、高等学校,基于企业"走出去"参与"一带一路"建设的人才需求,坚持"引进来"与"走出去"相结合,与"一带一路"沿线国家(学校)开展国际化人才尤其是非通用语种、涉外法律等"一带一路"建设急需人才的合作培养,打造一批人才培养、科技创新和人文交流基地；其二，建立"一带一路"教育政策沟通平台，建立教育政策对话机制，实现教育政策和标准互通；其三，建立"一带一路"教育资源信息服务平台，建立"一带一路"教育资源信息服务机制，实现教育资源互通互联；其四，从长远来看，推进创建"一带一路"政府间教育合作组织，建立"一带一路"沿线国家教育资格框架、"一带一路"教育质量认证与保障体系，在此基础上，逐步创建"一带一路"教育共同体。

六、强化与国际组织和多边组织合作

强化与联合国教科文组织等国际组织和多边组织的合作是我国中外教育交流合作一以贯之的重要内容。《中国教育现代化2035》提出，加强与联合国教科文组织等国际组织和多边组织的合作，增进次区域教育交流合作。2016年4月，中共中央办公厅、国务院办公厅印发的《关于做好新时期教育对外开放工作的若干意见》强调，通过加强与国际组织的合作，建立和完善双边多边教育部长会议机制，增进次区域教育合作交流；通过提升发展中国家在全球教育治理中的发言权和代表性，选拔推荐优秀人才到国际组织任职，完善金砖国家教育合作机制，拓展有关国际组织的教育合作空间，积极参与全球教育治理。与联合国教科文组织等国际组织和多边组织的合作是增进次区域教育合作交流的重要途径，是参与全球教育治理的有效载体。

当前，我国与联合国教科文组织等国际组织和多边组织的合作正有序展开，我国在全球教育对话与全球教育治理中的参与度与话语权正逐步增强。下一步，我国应进一步加大与联合国教科文组织等国际组织和多边组织的合作力度，强化合作的顶层设计：一是建立国际组织人才培

养专门协调机构，制定国际组织人才培养中长期规划，建设国际组织人才培养学科专业，加大国家公派留学基金资助力度，扩大国际组织人才的派出规模，建立起与我国的国际地位以及承担的义务相符的国际组织职员队伍；二是强化与联合国教科文组织等国际组织和多边组织的合作机制建设，丰富合作内涵，通过举办双边或多边国际会议、设立联合工作组等形式建立对话机制、打造合作平台；三是积极与国际组织和多边组织合作开展国际教育项目，以项目为载体，拓展与有关国际组织和多边组织的教育合作空间；四是积极参与国际组织和多边组织全球或区域性教育标准制定和教育规则创设，推动教育治理的中国智慧、中国方案走向世界，提高我国在全球教育治理中的话语权。

第二章　提升中外合作办学质量

中外合作办学是我国教育对外开放的重要内容，是我国教育事业的有机构成。《中国教育现代化2035》指出，提升中外合作办学质量，建设一批高水平示范性的中外合作办学机构和项目，形成一批国际化的优质教育资源，为我国教育改革发展提供经验借鉴。中外合作办学成为我国教育对外开放的重要政策。本章主要探讨中外合作办学的内涵和意义，总结中外合作办学取得的进展和存在的问题，分析中外合作办学的政策走向。

第一节　中外合作办学的内涵和意义

作为改革开放以来的新生事物，中外合作办学是我国教育对外开放的必然选择，也是我国教育发展的内在需要。自1978年改革开放至今，有40余年发展历程的中外合作办学已成为我国教育事业的重要组成部分，在我国教育事业的改革与发展中发挥着越发重要的作用。

一、中外合作办学的内涵

2003年国务院发布的《中华人民共和国中外合作办学条例》规定，中外合作办学是外国教育机构同中国教育机构在中国境内合作开办以中国公民为主要招生对象的教育机构的活动。根据这个界定，中外合作办学具有以下几个基本特点：一是中外合作办学的主体是具有法人资格的中国教育机构和外国教育机构；二是中外合作办学的方式是合作办学，既不是合资办学，也不允许外国机构、其他组织或个人单独办学；三是中外合作办学主要招收中国内地公民；四是教育教学的地点是中国境内；五是中外合作办学机构和项目都应当依法取得行政许可。[①] 中外合作办学活动包括合作设立机构和合作举办项目两种形式。中外合作办学机构是指外国教育机构同中国教育机构在中国境内合作开办以中国公民为主要招生对象的教育机构。中外合作办学机构应当具备《中华人民共和国教育法》《中华人民共和国职业教育法》《中华人民共和国高等教育法》等法律和有关行政法规规定的基本条件，并具有法人资格。但是，外国教育机构同中国实施学历教育的高等学校设立的实施高等教育的中外合作办学机构，可以不具有法人资格。

根据是否具有独立法人资格，可将中外合作办学机构分为独立设置的中外合作办学机构、非独立设置的中外合作办学机构。独立设置的中外合作办学机构是由中外双方共同投资，形成合作学校独立、自由的法人财产，具备法定办学条件，能够独立承担办学责任，获得国家教育行政部门批准，具有独立的事业法人、享受独立的办学自主权、享受相关的财产权、内部管理实行董事会制等特点。[②] 非独立设置的中外合作办学机构一般为二级学院，指在一级学院（综合大学）领导下，由一级学

---

① 林金辉. 中外合作办学教育学 [M]. 厦门：厦门大学出版社，2014：20-21.
② 肖地生，顾冠华. 全球化视野下的中外合作办学 [J]. 黑龙江高教研究，2003（5）：9-12.

院与外方合作者共同创办的不具独立法人资格的中外合作办学机构。[①] 中外合作办学项目是指中国教育机构与外国教育机构以不设立教育机构的方式,而在学科、专业、课程等方面合作开展的以中国公民为主要招生对象的教育教学活动。现阶段,非独立设置的中外合作机构与中外合作办学项目是我国中外合作办学的主要形式。

二、中外合作办学的意义

作为我国教育事业的重要组成部分,中外合作办学在丰富我国教育供给、发展新兴学科、促进我国教育均衡发展、创新人才培养模式、提升我国教育国际化水平等方面具有重要意义。

(一)中外合作办学有利于丰富我国教育供给

改革开放初期及之后的一段时期,我国教育事业得到迅速恢复并实现了较大发展。但从总体上看,我国教育供不应求的矛盾依然存在。适应我国教育发展的需要及教育对外开放的新形势,中外合作办学不断发展壮大,丰富了我国教育供给,在一定程度上缓解了我国教育供不应求的矛盾。《中华人民共和国中外合作办学条例实施办法》明确指出,国家鼓励中国教育机构与学术水平和教育教学质量得到普遍认可的外国教育机构合作办学。通过中外合作办学,我国引进了国外的优质教育资源,丰富了我国的教育供给,满足了人民群众多样化的教育需求,同时,使我国学生不出国即可享受到国外的教育资源,实现了"不出国的留学"。经过改革开放以来40余年的发展,当前,中外合作办学已经不同程度地覆盖了除义务教育及特殊教育领域之外的所有教育层次,被誉

[①] 肖地生,顾冠华. 全球化视野下的中外合作办学[J]. 黑龙江高教研究,2003(5):9-12.

为国内公办教育和民办教育之外的"第三驾马车",成为我国教育供给的重要一极。

(二)中外合作办学有利于发展国家新兴和急需的学科专业

《中华人民共和国中外合作办学条例实施办法》第三条规定,国家鼓励在国内新兴和急需的学科专业领域开展合作办学。当前,我国已进入新时代,中外合作办学亦进入"提质增效、服务大局、增强能力建设"的新阶段。服务于"一带一路"倡议、"双一流"建设、中外人文交流、高等教育强国建设等是新时代中外合作办学的战略使命。根据当前国家发展的战略需求,我国亟须发展新能源、新材料、资源环境、农业、生物化工等新兴的、急需的学科专业。而国外在以上学科专业方面的资源和经验值得我们加以借鉴。通过中外合作办学,我国可重点围绕国家新兴和急需的自然科学与工程类学科专业,引进国外优质教育资源为我所用,这将对此类学科专业的培育和建设起到积极的促进作用。

(三)中外合作办学有利于促进教育的均衡发展

《中华人民共和国中外合作办学条例实施办法》明确提出,国家鼓励在中西部地区、边远贫困地区开展中外合作办学。中西部教育是我国教育的重要组成部分,促进教育均衡发展,关键在中西部,难点也在中西部。然而当前,我国不同地区教育发展水平差距较大。随着国家对中西部地区中外合作办学政策的进一步支持,中外合作办学区域分布逐步优化。我国中西部地区通过中外合作办学引进先进的教学理念、管理经验、师资和教材等优质教育资源,加强高校高层次人才队伍建设,推动高水平大学和学科专业发展,提高整体办学水平和综合实力,教育区域差距正在不断缩小,不同地区教育的协调和均衡发展正在逐步实现。

(四）中外合作办学有利于推动人才培养模式创新

《国家中长期教育改革和发展规划纲要（2010—2020年）》明确提出，要培养大批具有国际视野、通晓国际规则、能够参与国际事务与国际竞争的国际化人才。国际化人才的培养需要高校创新人才培养模式。以中外合作办学为平台，我们可在基于中国国情的基础上，借鉴国外先进的教育教学理念，结合我国及当地经济、社会对人才的需求和学校发展特色，在对国外资源有效消化、吸收并本土化利用的过程中，在人才培养目标、培养过程、培养制度和培养评价方面不断创新，探索既与国际接轨，又具有中国特色的人才培养模式。中外合作办学是高校创新人才培养模式的有效途径。

(五）中外合作办学有利于提升教育国际化水平

作为跨境教育重要形式的中外合作办学既是教育国际化的重要内容，又是教育国际化的有效载体，中外合作办学在提升教育国际化水平方面作用突显。通过中外合作办学吸引留学生前来留学，有效扩大留学生规模，提高留学生教育水平；通过中外合作办学引进一批具有丰富教学经验的高水平外籍教师，提高我国高校师资的国际化水平；通过中外合作办学过程中中外科研活动的合作交流与开发，提高我国高校科研的国际化水平；通过中外合作办学引进具有国际管理经验的高级管理人才，提高我国高校管理的国际化水平，推进现代大学制度建设。总之，中外合作办学将在提升我国教育的国际化水平方面发挥着关键而独特的作用。

第二节 中外合作办学取得的进展与存在的问题

中外合作办学在我国从无到有,再到不断壮大,取得了一系列的进展,形成了一批质量高、有特色、受欢迎的中外合作办学机构和项目,目前已进入"提质增效、服务大局、增强能力建设"的新阶段。然而,面对新时代经济社会发展的新要求,中外合作办学亦不可避免地存在一些问题。

一、中外合作办学取得的进展

中外合作办学是随着我国改革开放的不断深入而逐步发展起来的。经过40余年的发展壮大,中外合作办学已培养一大批具有国际视野、通晓国际规则、能够参加国际事务和国际竞争的国际化人才,成为我国教育事业的重要组成部分,为我国对外交往和经济社会建设作出了重要贡献。

(一)办学规模不断扩大

1983年10月1日,我国改革开放的总设计师邓小平为北京景山学校题词:"教育要面向现代化,面向世界,面向未来。"邓小平"三个面向"的教育思想为改革开放初期教育领域的合作办学指明了发展方向。经国务院批准,南京大学—约翰·霍普金斯大学中美文化研究中心于1986年9月成立。这是我国改革开放后的第一所中外合作办学机构,开创了我国教育机构与国外教育机构合作办学的先河。其后,中外合作办学规模不断扩大。截至1994年年底,全国设立中外合作办学机构70个,其中,高等学历教育机构20个,高等非学历教育机构23个,中等职业教育机构10个，短期成人教育机构17个。①1995年1月公布施行的《中外合作办学暂行规定》适应了当时我国教育机构与境外教育机构开展合作办学的需要，推动了中外合作办学规模的持续扩大。据不完全统计，截至2002年年底，全国共有中外合作办学机构和项目712个，与1995年年初相比，增加了9倍多，覆盖了28个省、自治区、直辖市。2003年3月，国务院发布《中华人民共和国中外合作办学条例》。2004年6月，教育部发布《中华人民共和国中外合作办学条例实施办法》。两个文件的出台为中外合作办学规模的继续扩大提供了法制保障。截至2019年6月，全国经审批机关批准设立或举办的中外合作办学机构和项目共计2 431个，包含理学、工学、农学、医学、法学、教育学等11个学科门类200多个专业。②中外合作办学机构和项目每年招生超15万人，在校生超60万人，其中高等教育占90%以上，毕业生超200万人。③

（二）法制建设不断完善

中外合作办学的发展过程亦是中外合作办学法制建设不断完善的过程。1993年，原国家教育委员会发布《关于境外机构和个人来华合作办学问题的通知》，对合作办学的概念、原则和申办程序等作出了规定，对改革开放后中外合作办学政策进行了有益探索。在前期探索的基础上，原国家教育委员会于1995年1月公布施行《中外合作办学暂行规定》，对中外合作办学的内涵、设置、运行、监督方式等进行了界定和明确。该文件是改革开放后我国第一次在中外合作办学领域出台的系统性政策，也是中外合作办学领域的第一部部门规章。文件明确指出，中

---

① 国家教育委员会外事司. 教育外事工作历史沿革及现行政策[M]. 北京：北京师范大学出版社，1998：240.
②③ 徐倩. 新时代如何发展中外合作办学[N]. 中国教育报，2019-08-05（3）.

外合作办学,是指外国法人组织、个人以及有关国际组织同中国具有法人资格的教育机构及其他社会组织,在中国境内合作举办以招收中国公民为主要对象的教育机构,实施教育、教学的活动;中外合作办学是中国教育对外交流与合作的重要形式,是对中国教育事业的补充。至此,中外合作办学有了规章可循。

2001年12月,我国加入世界贸易组织(以下称WTO)。根据WTO规则,我国承诺开放教育领域,外国教育机构可以在我国以商业存在的方式开展教育服务贸易。在此背景下,国务院于2003年3月颁布的《中华人民共和国中外合作办学条例》、教育部于2004年6月发布的《中华人民共和国中外合作办学条例实施办法》标志着中外合作办学法制建设上升到一个新的水平。此后,教育部根据中外合作办学事业的发展实践陆续出台《教育部关于当前中外合作办学若干问题的意见》(2006)、《教育部关于进一步规范中外合作办学秩序的通知》(2007)、《教育部办公厅关于开展中外合作办学评估工作的通知》(2009)、《教育部办公厅关于加强涉外办学规范管理的通知》(2012)等规范性文件,强化了对中外合作办学活动的监管力度和规范建设。

党的十八大报告强调,要加快转变对外经济发展方式,推动开放朝着优化结构、拓展深度、提高效益方向转变。这亦对中外合作办学提出了同样的要求。以党的十八大召开为标志,中外合作办学法制建设进入提升完善阶段,在政策导向上向提质增效、内涵发展上转变。2013年12月,教育部发布《教育部关于进一步加强高等学校中外合作办学质量保障工作的意见》,从八个方面对新时期进一步加强高等学校中外合作办学质量保障工作进行了部署。2016年4月,中共中央办公厅、国务院办公厅印发的《关于做好新时期教育对外开放工作的若干意见》强调，要通过完善准入制度、改革审批制度、开展评估认证、强化退出机制、加强信息公开、建立成功经验共享机制等措施全面提升合作办学质量。2018年6月，教育部办公厅印发《关于批准部分中外合作办学机构和项目终止的通知》，依法对234个中外合作办学机构和项目进行了终止。在强化退出机制方面，中外合作办学迈出了重大一步。

（三）示范引领作用不断增强

中外合作办学从无到有，从点到面，逐步发展壮大。当前，中外合作办学已成为我国教育对外开放的战略支撑。改革开放以来尤其是《中华人民共和国中外合作办学条例》颁布实施以来，中外合作办学发展迅速，在国际化人才培养、推进高等学校教育教学改革及国际化建设等方面发挥的示范引领作用不断增强。譬如，1994年成立的中外合作办学机构上海大学悉尼工商学院在国际化人才培养方面取得显著成效，学院致力于培养扎根本土、接轨国际的国际型商业人才，学生就业率近年来达到100%，生均就业质量位居上海大学前列。[①] 近年来，上海纽约大学、宁波诺丁汉大学、昆山杜克大学、上海大学悉尼工商学院等中外合作办学机构及其他一系列中外合作办学项目，成为广大考生的优先选择。教育部部长陈宝生强调，我们将继续学习借鉴世界各国教育发展的成功经验，扎根中国大地，办中国特色的教育。进入新时代，中外合作办学通过提质增效、增强能力，必将迎来更大的发展和成就。

二、中外合作办学存在的问题

作为我国教育领域新生事物的中外合作办学，面临着新时代发展环

---

① 徐倩. 新时代如何发展中外合作办学［N］. 中国教育报，2019-08-05（3）.

境的诸多挑战，同时，由于中外合作双方文化的差异性，在办学实践中仍然有许多问题亟待解决。

（一）外方合作者分布相对集中

目前，中外合作办学的外方合作者主要集中在英国、美国、澳大利亚等发达国家，与其他具有特色优质教育资源的发展中国家尤其是"一带一路"沿线的发展中国家的合作办学活动较少。32个合作国家（地区）中，仅有10个"一带一路"沿线国家，共207项合作办学活动，占总数（1 985）的10.4%，这满足不了目前"一带一路"倡议建设的需要。2019年4月25日，教育部副部长田学军在第二届"一带一路"国际合作高峰论坛民心相通分论坛发言时强调："要加快培养'一带一路'建设所急需的人才，未来将会增加'丝绸之路'中国政府奖学金博士和硕士的名额，同时将积极推动与'一带一路'沿线国家的中外合作办学活动，提质增效，促进民心相通。"目前，在我国扩大教育开放的政策背景下，中外合作办学外方合作者的范围还需进一步拓宽，办学规模还需进一步扩大。

（二）地区分布不均

总体上，全国的中外合作办学活动呈现出"东多西少，沿海发达省市较多，内陆落后省市较少"的分布格局。全国范围内，本科以上层次的中外合作办学机构和项目主要集中在东部沿海经济、文化较发达的省市及其他地区的大中城市，这些省市的高等教育中外合作办学起步早、发展规模大，中方教育机构的合作经验比较丰富，投资环境建设相对到位，总体教育质量相对较高，这与东部地区的经济与社会综合发展水平呈正相关。相比而言，经济发展相对落后的中西部地区，尤其是西部地区，高等教育中外合作办学起步晚、规模小，中方教育机构的合作办学经验相对缺乏，因资金限制而使投资环境建设不到位，总体上教育质量不高；并且目前，作为面向中亚、南亚、西亚国家（地区）的商贸物流枢纽和产业人文交流基地的宁夏、青海、西藏等三省区还未涉及中外合作办学活动。

（三）优质教育资源引进不足

中外合作办学的核心是引进优质教育资源。但办学实践中，优质教育资源引进不足的问题依然存在，主要体现在办学层次与合作方式、外方合作者的办学水平这两方面。一方面，在办学层次与合作方式上，就办学层次而言，中外合作办学项目（机构）的办学层次整体较低。截至2019年2月，在1985个专科、本科、硕士及以上层次的合作办学项目（机构）中，专科层次和本科层次的共1780个，占总数的89.7%，而硕士及以上层次的205个，仅占10.3%，且205个合作项目（机构）中硕士层次的174个，博士层次的仅31个。研究生教育作为国民教育体系的顶端，是培养高层次人才和释放人才红利的主要途径，而目前硕士及以上层次的合作办学活动规模还偏小，不利于为我国培养急需的各类高端人才。就合作方式而言，项目数远多于机构数且具有独立法人资格的机构数更少，项目数（1849）接近机构数（136）的14倍，主要是由于项目投资小、风险低、回报周期短、见效快，但"双校园"模式的合作办学项目，不利于引进外方优质教育资源；非独立法人资格机构数（119）是独立法人资格机构数（17）的7倍。相比项目，办学机构具有一定的办学自主权，尤其是具有独立法人资格的办学机构，更有利于我国高校实质性地引进外方优质教育资源，多方面地借鉴其办学经验。

另一方面，外方合作者的办学水平不高，尤其是本科及以上层次的外方合作者，世界知名高校较少。从目前合作的1 985个中外合作办学项目（机构）的外方合作者来看，世界知名高校并未大批进入，少量参与合作的知名高校看中的多是我国广阔的教育消费市场，旨在吸引生源。就目前中外合作大学的外方合作者来看，外方合作高校在"2019年QS世界大学排名1000强"中进入前百名的仅有4所即美国杜克大学（26）、纽约大学（43）、中国香港中文大学（49）、英国诺丁汉大学（82）。这与《教育部关于进一步加强高等学校中外合作办学质量保障工作的意见》（教外办学〔2013〕91号）中的规定"举办具有法人资格的中外合作办学机构要纳入办学所在地省级人民政府高等学校设置规划，坚持强强合作、典型示范，真正引进强校、名校"有所不符，政策执行有所偏差。同时，中外合作大学亦存在异地办学的现象，异地办学不能有效地对中方合作高校产生反哺作用。例如，西交利物浦大学办学地点在苏州，昆山杜克大学办学地点在昆山，北京师范大学—香港浸会大学联合国际学院办学地点在珠海。总体而言，这三所中外合作大学并不能对西安交通大学、武汉大学、北京师范大学产生积极的辐射作用，充分发挥"鲶鱼效应"。

（四）学科分布失衡，部分专业设置相对集中

总体上，中外合作办学活动的学科分布不均且部分专业相对集中，在合作所涉及的专科层次、本科层次、硕士及以上层次的项目和机构中均有体现。专科层次合作办学活动涉及的学科专业主要集中在财务会计、计算机等专业上，而语言类、电子信息类、广播影视类等专业则较少。本科层次的合作办学活动涉及的学科主要集中在工学、理学、管理学等，而其下设的专业又偏重于计算机、数学等专业。硕士及以上层次的合作办学活动涉及的学科主要集中在管理学、金融学等。从中外合作

办学活动设置的学科专业情况来看,目前我国急需的新能源、新材料、资源环境、农业、生物化工等专业所占比例偏少甚至还未涉及。

(五)课程本土化程度亟待提高

课程是中外合作办学提质增效的核心。一般来说,中外合作办学的课程包括公共课、专业基础课、专业核心课、选修课等。① 开展国际化人才培养是中外合作办学的宗旨之一。而作为中外合作办学基础教学建设的课程直接服务于学生的发展和成长,是实现国际化人才培养目标的载体,对保证人才培养质量具有重要作用。外方教育资源的优质与否亦很大程度上体现在引进的外方课程中。然而,在现实操作中,判断外方课程是否具有优质性、是否符合我国高校立德树人的培养目标并非易事。从目前中外合作办学活动课程建设的实践来看,引进后的课程未被充分鉴别、消化、吸收,普遍存在直接照搬外方整套课程体系的现象。作为合作办学主体的中方院校,在构建中外合作办学活动课程时,未体现中国特色、引进融合、本土实施的原则。中外合作办学是中国教育事业的组成部分,必须贯彻中国的教育方针,扎根中国大地,具有中国特色,切实实现教育本土化。

---

① 熊静漪. 中外合作办学课程体系设置研究 [J]. 教学研究,2011,34(5):18-21.

第三节　提升中外合作办学质量的政策走向

《中国教育现代化2035》指出，提升中外合作办学质量，面向国家发展战略需求，吸引一批世界一流高等学校和职业学校、研究机构同国内相关学校合作，建设一批高水平中外合作办学机构和项目，形成一批国际化的优质教育资源，为我国教育改革发展提供经验借鉴。进一步完善监管制度，保障中外合作办学健康有序发展。同时，《加快推进教育现代化实施方案（2018—2022年）》中也强调，建设一批示范性的中外合作办学机构和项目，完善中外合作办学准入和退出机制。《中国教育现代化2035》及《加快推进教育现代化实施方案（2018—2022年）》这两个文件为未来中外合作办学的发展指明了方向。

一、积极顺应时代发展要求，主动对接国家战略需求

《中国教育现代化2035》中明确指出，面向国家发展战略需求，吸引一批世界一流高等学校和职业学校、研究机构同国内相关学校合作，建设一批高水平中外合作办学机构和项目。这说明新时代中外合作办学的使命是通过引进优质教育资源服务国家发展战略，满足国家发展需求。高等教育发展是我国国家战略的重要组成部分，高校应该主动适应新时代国家扩大教育开放、推进教育现代化、建设高等教育强国的战略要求，顺势为之，了解并把握国家层面鼓励支持中外合作办学的政策导向，从服务国家改革与发展大局的高度认识中外合作办学的重要意义。中外合作办学学科专业引进要主动对接国家战略需要和重要的新兴合作领域，增强对接产业转型升级的敏感度，真正引进国家紧缺和急需的学

科专业，而不是引进虽是优质但我国人才供给已经过剩的学科专业，如要大力引进国家急需的航天航空、新能源、新材料、网络空间安全等领域的前沿性的学科专业，避免专业的趋同设置及低水平重复建设。也要注重优化学科专业结构，培养国家经济社会发展急需的国际化人才，适应和服务国家改革和发展的大局，不断增强我国的综合实力。同时，要优化中外合作办学的区域布局，协调不同地区中外合作办学平衡发展，促进全国中外合作办学发展空间合理布局。政府通过制定一定的优惠政策，吸引国内一流大学到中西部设立分校，带动中西部高等教育水平的整体提升。同时鼓励西部高校到东部高校合作办学优秀示范点学习经验，以国家发展需求为导向，基于自身的实际情况不断地对优质教育资源进行消化和吸收，促进自身高等教育能力建设，最终实现地区间中外合作办学的可持续发展。

二、精准引进优质教育资源，强调提质增效

当前，中外合作办学已进入质量提升、内涵式发展的阶段，更强调有针对性地引进国外优质教育资源，保障中外合作办学的质量和效益。首先，正确认识优质教育资源，它不仅指一流大学和一流学科，也指特色的专业和课程，还强调与我国教育资源的相匹配、相衔接。在"一带一路"倡议下，我国大学应响应国家发展需求，改变只与欧美发达国家合作办学的观念，重视沿线国家特色的优质教育资源。其次，合理引进优质教育资源。基于我国社会发展需要，加大我国急需、薄弱与空白学科领域的国际优质资源的引进力度，提升我国学科建设与人才培养的国际化水平。最后，充分利用优质教育资源。中外合作办学从规模扩张转入质量提升、融合创新阶段。作为教育交流与合作的重要形式，中外合

作办学在引进国外优质教育资源、促进教育改革发展的同时，要更注重如何根据新形势、新阶段、新任务的要求对其进一步消化、利用，与本土教育资源再融合与创新，更要着眼于长远的可持续发展，担负起服务国家战略的时代使命。

三、建设中外合作办学示范性项目及机构，发挥辐射作用

《中国教育现代化2035》和《加快推进教育现代化实施方案（2018—2022年）》中指出，建设一批示范性的中外合作办学机构和项目，形成一批国际化的优质教育资源，为我国教育改革发展提供经验借鉴。新时代赋予中外合作办学的新使命和新担当是发挥示范引领作用，推动高校改革，尤其是"双一流"建设，促进中国教育现代化的发展。加强中外合作办学项目（机构）与我国教育机构的合作与交流，建设一批办学思想明确、办学成果显著、管理制度完善、社会声誉良好、示范性的中外合作办学项目和机构，把一座座"孤岛"变成一座座"灯塔"，发挥其在我国高等教育改革发展中的辐射作用，是中外合作办学今后努力的方向。然而在实践中，虽然中外合作办学具有较强的资源优势，在促进我国高等教育在教学改革、学科建设、人才培养等方面取得了较大成效，但其还未完全发挥出对我国高等教育的辐射作用。这与我国传统高等教育的教育体制、教育模式等相对僵化，中外合作办学在一定程度上具有办学的相对独立性等方面因素有关。作为中外合作办学的具体实施者，没有示范性的中外高校应把中外合作办学纳入学校总体发展规划，在办学职权范围内出台保障中外合作办学发展和发挥辐射作用的有效举措。同时，组织协调各部门合理配置办学资源，围绕中外合作办学引进、融入、消化利用国外优质教育资源这一核心，积极创造条件，营造空间，

使国外优质教育资源得以共享。在具体实施过程中，高校应当在政府和自身的相应政策环境下，以中外合作办学的优质教育资源为基源，以先进的办学理念和教育教学模式为引领，以高度的国际协同为手段，以管理协调职能部门和教学单位为措施，由表及里，由外及内，逐步发挥中外合作办学的辐射作用，特别是在办学理念、内部治理体系、教学模式与方法改革方面凝练办学经验，充分发挥国际优质教育资源的改革示范作用。

四、加强监管，完善中外合作办学准入和退出机制

《中国教育现代化2035》中明确指出，进一步完善监管制度，保障中外合作办学健康有序发展。同时，《加快推进教育现代化实施方案（2018—2022年）》中指出，提高中外合作办学质量，完善中外合作办学准入和退出机制。新时期、新形势下的中外合作办学更强调办学质量和效益，现阶段对其监管更应强调准入机制、管理机制、评估机制。首先，进一步完善中外合作办学准入机制，坚持引进国际优质教育资源开展合作办学。自从开展中外合作办学以来，我国一直坚持"强强合作、典型示范，真正引进强校、名校"的原则。在我国高等教育资源整体上不再短缺的情况下，我们必须根据国家发展的战略需求，真正吸引一批世界一流高等学校和研究机构与国内相关学校合作，建设一批高水平中外合作办学机构，形成一批国际化优质高等教育资源。为此，我国应该加强对国际优质教育资源的评估，建立国际优质教育资源清单，由地方教育主管部门邀请清单中的世界一流大学和职业院校合作办学，严禁劣质教育资源进入我国。其次，进一步完善中外合作办学管理制度。改革开放40多年来，我国高等教育事业发展取得了辉煌的成就，2018年全

国共有普通高等学校和成人高等学校2 940所，各类高等教育在学总规模达到3 833万人，高等教育毛入学率达到48.1%。如何从一个高等教育大国变成高等教育强国，是我国高等教育改革的重要目标，而中外合作办学正是我国实现这个转变的重要手段。我们不仅应该引进国际优质教育资源，而且应该在经费来源、管理体制、使命职责、办学层次、专业设置、招生制度、课程设置、质量标准、学位授予等方面制定明确的规章，进一步完善中外合作办学管理制度，克服国际资本的趋利性导致的中外合作办学层次低、忽视基础学科和科学前沿研究的现象，使中外合作办学真正成为国际优质教育资源的提供者。最后，进一步完善中外合作办学评估制度，建立中外合作办学退出机制。评估是监管制度的重要组成部分，是提升中外合作办学质量，保障中外合作办学健康有序发展的重要途径。我们应该借鉴国际跨境教育监管的经验，建立自我评估、社会评估和政府认可相结合的中外合作办学评估制度，定期对中外合作办学项目（机构）的教育质量、科研水平、社会服务、财政状况、与我国本土高等学校的合作交流情况等方面使命达成情况进行评估。同时，我们应该建立中外合作办学项目（机构）退出机制，对于教育质量低下、财政状况不佳、不遵守办学承诺和我国中外合作办学管理制度者，按照一定的程序使其转制甚至退场，保护受教育者的合法权益。

第三章　优化出国留学服务

出国留学是我国教育对外开放的重要组成部分，在实现教育现代化和推进社会经济发展方面具有重要意义。《中国教育现代化2035》提出，要充分利用国际优质资源培养我国急需人才，加强统筹规划，完善管理，优化出国留学服务。经过改革开放40多年的发展，出国留学教育已成为我国教育对外开放的重点关注领域，优化出国留学服务也是出国留学教育领域的优先关注主题。具体来看，增强统筹协调能力，优化服务与管理体系，完善奖学金资助政策，健全留学生归国服务体系等是优化出国留学服务的重点和难点。本章主要探讨出国留学教育的内涵和意义，总结改革开放以来我国在出国留学教育政策的制定与实践方面取得的进展及其存在的问题，分析未来优化出国留学服务的政策走向。

第一节　出国留学教育的内涵和意义

出国留学是指我国派遣留学生到其他国家或地区接受各级各类教育的活动，具有丰富的内涵和外延，对高层次人才培养、新型学科和急需学科建设以及个人发展等具有极其重要的意义。

一、出国留学教育的内涵

与出国留学相关的几个核心概念主要有留学、出国留学和出国留学教育。目前，人们对这几个概念的理解，尚未达成统一的共识。

（一）留学的概念

《辞海》和《辞源》将留学定义为到母国以外的其他国家接受各级各类教育的活动。国内有学者通过词源学和文献学的考据，探究了留学这一概念的起源、传播和回流。例如，刘集林通过词源学的考证，发现晚清以来中国人使用的留学这一词引入自日本，经历了从出洋到游学再到留学的变迁过程。[①]刘艳通过词源学解析和文献学考据，发现留学一词最早出现在中国的《隋书》，留学生一词最早出现在中国的《旧唐书》，后被来中国学习的日本学者和僧人在日本使用，成为日语词汇中的留学和留学生，清末又重新传入到中国民间。她认为留学是指任何个人、组织或机构成员到本土以外的第二、第三国家或地区进行以长期居留为时限约定的双向学习和教育活动。[②]

综合上述观点，我们可将留学定义为个人、组织或机构成员到境外国家或地区进行约定期限的学习、研究或访问活动。

（二）出国留学的概念

关于出国留学这一概念，联合国教科文组织将其定义为学生跨越国界到其他国家学习，也包括接受国外远程课程教育。刘艳则给出国留学下了一个具有可操作性的定义，即出国留学是指主权国家或地区的个

---

① 刘集林. 从"出洋"、"游学"到"留学"——晚清"留学"词源考[J]. 广东社会科学，2007（6）：104-111.
② 刘艳. 新中国出国留学政策变迁研究（1949—2014）[D]. 长春：东北师范大学，2016.

人、组织或机构成员到本土以外的第二、第三国家或地区进行的长期居留为时限约定的双向学习和教育活动。① 刘翠玲认为，出国留学就是留居国外学习和研究，学习外国的先进科学技术和管理经验，学成之后回国参加祖国的现代化建设。②

综上，我们认为出国留学在我国语境下指的是中国大陆公民赴境外国家或地区进行约定期限的学习、研究或访问活动。出国留学从经费来源上看，可以分为公派出国留学和自费出国留学。公派出国留学指的是根据国家或相关单位发展需要，由国家或单位全部或部分资助，选拔优秀人才前往经济发达国家和地区的知名院校学习或进修。其中，公派出国留学又可分为国家公派出国留学和单位公派出国留学。国家公派出国留学是按照国家统一计划全国招生，执行统一的经费开支规定，根据"按需派遣，保证质量，学用一致"的方针统一选派留学人员出国进修以服务国家现代化发展需要的计划。单位公派留学指的是按照部门、地方、单位的计划，在本部门、本地区、本单位招收和选派留学人员，执行部门、地方或单位经费开支标准的计划。自费出国留学则指公民个人在本人、直系亲属或国外奖学金的资助下，到国外院校学习或进修。凡符合国家因私出境管理法规定，具有高中以上学历，取得国外高等院校入学许可证和可靠的经济担保证明的我国公民，均可申请自费出国留学。③

---

① 刘艳. 新中国出国留学政策变迁研究（1949—2014）[D]. 长春：东北师范大学，2016.
② ③ 刘翠玲，杜柯伟，郎益夫. 出国留学指南 [M]. 哈尔滨：哈尔滨工程大学出版社，2000：1，5.

（三）出国留学教育的概念

通过对留学和出国留学概念的梳理，我们认为，出国留学教育指的是中国内地公民到境外国家或地区所接受的约定期限内的各级各类教育。出国留学教育工作则包括公派出国留学选派与管理、自费出国留学管理与服务和留学人员回国服务体系建设等。

二、出国留学教育的意义

出国留学教育是我国教育对外开放的重要组成部分，是提升我国综合实力和教育发展水平的重要途径，在培养高素质人才、加强新型学科和急需学科建设、促进文化交流和学术交流、满足人民群众对优质教育资源的需求、促进个人发展等方面具有重要意义。

（一）培养高素质人才

随着全球竞争日益加剧和知识经济的兴起，各国综合国力的竞争归根结底是人才的竞争，高层次创新型人才成为各国提升国际竞争力和影响力的关键要素。对中国这样的发展中国家和人口大国来说，如何加快推进现代化建设，实现科学发展，根本靠科技，基础在教育，关键是人才。然而，改革开放初期，我国经济、政治、文化、教育等各个领域几乎处于停滞状态，百废待兴，难以快速培养出现代化建设急需的高素质人才。也就是在这样的背景下，邓小平作出了向国外大规模派遣留学生的关键性决策，揭开了我国出国留学事业的序幕，开创了利用海外优质高等教育资源为我国培养关键性人才的新时代。

当前我国仍处于并将长期处于社会主义初级阶段的现实，意味着充实和壮大出国留学队伍对于整个国家来说依旧意义重大。派遣出国留学生是我国转型和发展阶段弥补自身高等教育资源不足，利用国际优质高等教育资源为我国培养优秀人才的重要途径，在培养高端急需型人才方面意义尤为重大。对此，我国在国家层面陆续提出科教兴国战略、人才强国战略、可持续发展战略和创新驱动发展战略，进一步强调人才对于国家发展的重要意义，并使其成为指导出国留学教育活动的战略性决策。

（二）加强新兴学科和急需学科建设

留学回国人员是高校人才的重要组成部分，在学科建设中具有非常重要的地位和作用。改革开放以来，我国派出了大量的留学人员赴国外学习、交流与访问，回国后这些人员成为学科建设，特别是新兴学科和急需学科建设的骨干力量。因而，根据国家战略需要，派遣出国留学人员赴发达国家一流大学学习，有助于支持新兴学科和急需学科的建设工作。具体来看，高水平教师队伍是学科建设的核心，而派遣教师出国留学是建设高水平教师队伍的一个重要途径。高校通过瞄准新兴学科增长点，结合国家急需学科建设需要，选拔和派遣教师出国学习和访问，或者引进优秀留学归国人才，有利于师资队伍建设，有利于建设高水平的学科梯队，更有利于学术带头人的快速成长。留学人员回国后，不仅有助于把握学术发展的前沿动态和趋势，还能带回发达国家最先进的技术，引进精良的教学科研仪器设备，促进我国高校新兴学科、交叉学科和急需学科的建立与发展。

（三）促进文化交流和学术交流

出国留学作为一种重要的国际交流与合作形式，承担着促进文化交流和学术交流的使命。一方面，出国留学是人类文化的一种特殊交流方式，促进不同文化的传播、交融与创新。在当今日趋复杂的国内外形势下，派遣留学人员出国访问、学习和研究，有助于传播中国传统文化，破解"中国威胁论",增进世界对中国文化的了解。同时,有助于我们了解不同国家的文化,增进彼此在国际合作中的理解,增加双赢的可能性。另一方面,出国留学人员作为重要的纽带,在传播国内学术信息的同时,能引进国际先进学术理念,跟踪国际学术发展前沿和热点,增进我国与国际学术界的联系。留学归国人员在国外所建立起的广泛国际学术交流网络,对促进我国学术发展和教育国际化都起到了举足轻重的作用,他们还通过目前国内高校产学研结合的机制,将交流影响逐步扩散到产品开发、经济合作等方面。[①]此外,亦有研究显示,留学人才也为促进我国的国际合作与交流作出重要贡献,通过他们的桥梁作用,我国学者有机会与国际学术界建立起更多形式、更大范围和更深层次的交流。

(四)满足人民群众对优质教育资源的需求

越来越多的个人选择出国留学,有其独特的社会背景。当前,我国经济发展步入新常态,开始进入一个转型关键期,正经历增长动力转型和产业结构升级的过程。经济的转型升级对劳动力所需要具备的创新知识和高深技术要求更高。目前,我国对一线普通工人的需求正在减少,迫切需要的是能够适应技术进步、生产方式变革的技术型、创新型、复合型技能人才。在此背景下,我国公民对优质教育资源的需求日益扩大。然而,我国优质教育资源数量有限、区域配置不均衡,难以满足人民群众对优质化、多样化和个性化教育的需求。出国留学教育恰恰弥补了我国优质教育资源不足的缺陷,能够满足广大人民群众对优质教育资源的需求。因此,人们开始将目光瞄准海外优质教育资源,公费出国留学规模和层次逐渐扩大,自费出国留学队伍更是日益庞大并迅速在出国

---

① 陈学飞. 留学教育的成本与收益:我国改革开放以来公派留学效益研究 [M]. 北京:教育科学出版社,2003:57.

留学队伍中占据绝对优势性的比例。这些出国留学人员热切期望通过跨文化、跨制度学习经历的收获，提升自己的综合能力，成为具有国际视野和国际竞争力的人才。

（五）促进个人发展

出国留学对个人能力提升、职业发展具有广泛而深远的影响。人们普遍认为，海外文凭或海外学习经历的获得，一方面有助于个人观念和素质的提升，使其具备更为广阔的视野和全球胜任力的素质，能够更好地完善自我和实现个人价值；另一方面有利于个人职业的发展和收入的增加，从就业情况来看，拥有海外一流高校文凭或海外优秀学校学习经历的人，通常拥有更好的工作和薪酬，在职称晋升方面也更具优势。

第二节　出国留学教育取得的进展与存在的问题

改革开放以来，通过一系列政策措施的制定和实施，我国出国留学教育已经取得了巨大进展，形成了国家公派留学、单位公派留学和自费留学等多形式并举的留学模式，出国留学服务与管理体系趋向于规范化和法制化，出国留学和留学归国规模越来越趋向于平衡。但是，作为"后发型"国家，我国在出国留学管理与服务等各方面依然存在不少问题亟待关注和解决。

一、出国留学教育取得的进展

改革开放前后，出国留学教育得以恢复并迅速发展。我国不断加强国家层面的统筹规划，制定了一系列重要的方针政策鼓励、支持与引导出国留学教育发展，并取得较大成效。

（一）出国留学规模增长迅速

改革开放掀开了我国出国留学工作的新篇章，标志着我国的出国留学教育开始步入恢复发展的新阶段。之后，除个别年份外，出国留学规模持续增长。根据教育部门的统计，出国留学人数从1978年的860人增长到了2018年的66.21万人。从1978年到2018年年底，各类出国留学人员累计达585.71万人，目前有153.39万人正在国外进行相关阶段的学习和研究。当前，我国已形成公派留学为引领、自费留学为主体的留学工作格局。

（二）出国留学政策体系不断健全

改革开放以来，我国出国留学政策体系不断健全，主要表现在三个方面。

第一，公派出国留学政策不断完善。改革开放初期的出国留学以公派留学为主，并确立了"保证质量、广开渠道、力争多派"的总方针。1978年8月4日，教育部下发《关于增选出国留学生的通知》，掀开了中国向国外大规模派遣留学生的序幕。1986年12月13日，国务院批转原国家教委《关于出国留学人员工作的若干暂行规定》的通知，成为改革开放以来第一份公开发布的关于出国留学工作的法规性文件，确定了新的公派留学选派方针，即按需派遣，保证质量，学用一致。这一规定的颁布，标志着我国出国留学政策开始走向成熟。

原国家教委在1995年2月举行的全国出国留学人员选派工作会议上提出的《改革国家公费出国留学选派管理办法的方案》，确立了公开选拔、平等竞争、专家评审、择优录取、签约派出、违约赔偿的派出方针。1996年6月，国家留学基金管理委员会的成立标志着国家公派留学管理工作走向法制化和规范化轨道。2004年，国家公派出国留学工作思路确定为提高层次、扩大规模、保证重点、增强效果。在此基础上，教育部于2005年提出了"三个一流"的选派原则，即选拔一流的人员，派到（国外）一流的学科专业，师从一流的导师，进一步加大了重点选派符合国家发展战略需求的高层次人才的力度。2007年，教育部设立"国家建设高水平大学公派研究生项目"，进一步提高了国家公派出国留学的层次和规模。2013年，教育部和财政部印发《出国留学经费管理办法》，提出规范出国留学经费管理，提高经费使用效益的具体举措。《2015—2017年留学工作行动计划》进一步强调，要显著提高公派出国留学效益，在稳步扩大公派出国留学规模的基础上，进一步提升公派出国留学服务于国家战略和重要行业发展的能力。围绕着国家发展战略需要，公派出国留学政策不断完善。

第二，自费出国留学政策渐趋成熟。改革开放后，为贯彻对外开放政策，充分利用国际资源培养优秀人才，我国作出开放自费出国留学通道的决定。1981年发布的《关于自费出国留学的请示》和《关于自费留学的暂行规定》指出，自费出国留学是培养人才的一条渠道，允许具有高中或大学文化水平的人员申请自费出国留学，对自费留学人员和公费留学人员在政治上一视同仁。1984年12月26日国务院颁发的《关于自费出国留学的暂行规定》明确提出，自费出国留学可以不受学历、年龄和工作年限的限制。1993年，原国家教委印发的《关于具有大学和大学以上学历人员自费出国留学的补充规定》指出，大专以上的公费在校学生和公费培养的具有大专以上学历人员在国内服务一定年限或偿还高等教育费以后，均可申请自费出国留学，取消了高校各类毕业生服务期满才能留学的限制。

我国加入世贸组织后，为落实对服务贸易作出的相关承诺，2003年，教育部办公厅颁发的《关于简化大专以上学历人员自费出国留学审批手续的通知》中明确指出，自2002年11月1日起，不再向申请自费出国留学的高等学校在校生以及具有大专以上学历但尚未完成服务期年限的各类人员收取"高等教育培养费"，并简化自费出国留学人员的审批手续，反映出国家以更大的力度鼓励和支持自费出国。为奖励优秀自费留学生并鼓励他们回国工作和服务，国家留学基金管理委员会于2003年设立了"国家优秀自费留学生奖学金"项目，每年有500名左右的自费留学生获得资助。此外，我国还颁布相关政策文本规范自费留学市场的秩序，保障自费出国留学人员的合法权益。1999年，教育部、公安部、国家工商行政管理局联合发布了《自费出国留学中介服务管理规定》和

《自费出国留学中介服务管理规定实施细则（试行）》。自2003年以来，教育部依托教育涉外监管信息网公布了万余所外国高等学校和600多个具备统一资格认定资质的自费出国留学中介服务机构的名单。2004年，教育部、国家工商行政管理总局还联合发布了《自费出国留学中介服务委托合同（示范文本）》，对自费出国留学进行规范管理。2014年12月召开的全国留学工作会议提出了人才培养和发挥作用、出国留学和来华留学、公费留学和自费留学、规模和质量、依法管理和完善服务五个并重的留学工作原则，为自费出国留学政策的进一步完善提供了根本遵循。

第三，留学回国政策不断完善。1981年，教育部发布《关于做好留学人员回国工作的通知》，强调留学人员在预定学习期满后，必须按期回国，为国家建设发挥作用。1983年，我国颁布《毕业留学生分配派遣暂行办法》，提出依据学用一致、量才录用的原则，为各类别留学生建立起工作分配派遣制度。但现实中，留学生滞留不归现象比较严重，1978年至1984年6月数据显示，我国公派出国留学人数约26 000人，自费留学人数约7 000人，同期国家公派留学者归国人数仅有8 000多人，而自费留学归国者更是仅有寥寥数百人。[①]1986年，公派出国留学开始实行"签约派出"制度，以尽可能保证公派留学人员如期回国服务。1987年12月，国家教委、司法部发布《关于签订〈出国留学协议书〉的通知》。在相应政策的引导下，留学生按期归国取得一定效果，但成效依然不显著。据统计，从1978年到1991年年底我国共派出各类留学生约15万名，但同期回国的只有5万人左右。

20世纪90年代，吸引留学人员回国的政策进一步发展。1992年1

---

① 冉春. 留学教育管理的嬗变[M]. 济南：山东教育出版社，2010：240-241.

月,邓小平在南方谈话中就留学人员问题表示,希望所有出国学习的人回来,不管他们过去的政治态度怎么样,都可以回来,回来后妥善安排,这个政策不能变,告诉他们,要作出贡献,还是回国好。① 在这一精神的指导下,鼓励回国、来去自由成为这一时期我国留学人员归国工作方针,政府先后出台一系列政策,开创了大批优秀留学人员回国服务的新阶段。1995年,国家公派留学选派程序中新增了"违约赔偿"的补充规定。1996年,教育部正式设立"春晖计划"。1998年,教育部和李嘉诚基金会共同筹资设立长江学者奖励计划(专项高层次人才计划)。2001年《关于鼓励海外留学人员以多种形式为国服务的若干意见》和2002年《2002—2005年全国人才队伍建设规划纲要》的颁布,明确了国家给予留学归国人员经费支持、产权保护、创业服务、出入境便利、生活保障等方面的优惠政策。在相应政策的引导下,20世纪90年代后期派出的数千名国家公派留学人员按期回归率达到92.8%,少数未归人员也均按预定协议被追究违约责任,履约率100%。② 自2000年以来,留学人员回国数量持续攀升,由2000年的9 121人增长为2007年的4.4万人,再猛增为2008年的6.93万人,当年度留学人员回国增幅也一跃超过出国增幅。③

2010年6月,中共中央、国务院印发了《国家中长期人才发展规划纲要(2010—2020年)》,成为这一时期全国人才工作的指导性文件。2010年,中央人才工作协调小组批准通过了《青年海外高层次人才引进工作细则》,决定自2011年开始,每年引进约400名海外优秀青年人才。《2015—2017年留学工作行动计划》强调,留学人员回国工作和创

---

① 邓小平. 邓小平文选(第三卷)[M]. 北京:人民出版社,1993:378.
② ③ 冉春. 留学教育管理的嬗变[M]. 济南:山东教育出版社,2010:255.

新创业环境明显改善，公派出国留学回国率达到98%以上，延揽百万留学人员回国工作和创新创业。2013年，习近平在欧美同学会成立100周年庆祝大会上的讲话中提出了支持留学、鼓励回国、来去自由、发挥作用的方针，在原有十六字方针的基础上更强调发挥作用，真正使留学人员回到祖国有用武之地，留在国外有报国之门。

（三）出国留学逆差不断缩小

改革开放初期及之后较长的一段时期内，随着出国留学规模的急剧扩大，出国留学人员滞留不归的现象日趋严重，对此，我国积极创造条件吸引留学人员回国服务。进入21世纪，随着我国经济的发展以及回国服务政策的不断完善，广大留学人员选择留学后回国发展。尤其是党的十八大以来，受国内良好的经济发展态势及政策环境的驱动，选择回国发展的海外留学人员比例稳步增长。根据教育部门公布的数据显示，在1978—2018年的各类出国留学人员中，共计有365.14万名留学生在完成学业后选择回国发展，占已完成学业留学生人数的84.46%，而这一比例在2011年时为72.02%。

（四）出国留学效益显著增强

进入21世纪，出国留学工作方针得到了很好的贯彻，自费出国留学限制被彻底废除，公派出国留学政策在培养高层次留学人才方面持续发力，吸引留学人员尤其是高层次留学人才回国工作和为国服务的政策不断健全，出国留学教育政策体系建设成效显著，出国留学教育效益极大增强。出国留学为我国经济社会建设提供了强大的人才支撑，作出了卓越贡献。据教育部门统计，在回国留学人员中，通过"千人计划"引进的海外高层次人才6 074人，其中创业人才811人；党的十八大以来，通过"长江学者奖励计划"支持高校聘任具有海外工作或学习经历的高层次人才1 094人；目前，我国70%以上的高水平大学校长、80%以上的两院院士、90%以上的长江学者入选者，都有海外学习或工作经历。

二、出国留学教育存在的问题

历经改革开放后40余年的发展，我国出国留学教育虽已经取得切实成果，但是依然暴露出区域和国别分布、管理与服务体系、政府奖学金作用以及人才流失等方面的问题。

（一）区域和国别分布不均衡

改革开放以来，我国出国留学教育政策体系不断完善，规模不断扩大，回流率迅速提升，管理与服务体系逐步完善。但从全局的视角来看，当前我国出国留学教育依然存在结构失衡的问题，具体体现为区域、国别与专业分布的不均衡。

首先，我国出国留学教育忽略了区域公平和群体公平等重要因素，存在区域分布和群体间分布失衡的问题。这主要体现在公派留学名额的分配上，目前我国公派出国留学的对象主要集中于经济发达地区、一流高校的学生和教师，对中西部、东北等经济欠发达地区的地域性倾斜政策比较少，对地方高校师资培养的支持力度不足，少数民族公派留学生比例有待提高，对弱势群体的倾斜性政策则几乎处于空白状态。[①]

其次，我国存在出国留学目的国相对集中的问题。2016年，超九成留学人员赴美国、英国、澳大利亚等十国，其中赴英语国家的留学人员比例达到77.91%。当前"一带一路"沿线国家虽已经成为出国留学

---

① 《中国教育年鉴》编辑部. 中国教育年鉴2009 [M]. 北京：人民教育出版社，2010：23-24.

新的增长点，但相应比例仍有待提升。2017年教育部数据显示，多数出国留学人员仍选择前往欧美发达国家和地区求学，当年出国留学人数达60.84万人，其中赴"一带一路"沿线国家留学人数为6.61万人，占比10.86%。

最后，我国存在出国留学专业分布不均衡的问题。数据显示，2010年工商管理学、工程科学和社会科学是我国本科毕业生留学的三大热门专业，占比分别为45.1%、13.5%和6.2%，在总留学人数中占据的比例超过60%。① 2016年，本科毕业生选择工商管理作为留学专业的比例虽有所下降，但仍为最热门专业，占比31.4%；另外工程科学、计算机与信息科学、教育学、工程技术紧跟其后，占比分别为16.2%、10.8%、4.9%和4.7%。② 由此可见，我国出国留学教育在专业分布上较为集中，留学生选择理工科、社科、文科和艺术类专业的积极性依然有待提升。

（二）政府奖学金引领作用有待提升

我国公派留学项目稳步发展的同时，亦存在着如何提升政府奖学金示范引领作用这一至关重要的问题。首先，从奖学金优先资助学科上看，我国在优先派遣国家发展建设急需的理、工、农、医等学科人才上还有待提升，对信息、能源、资源、环境、农业等关键领域及人工智能、空间生命科学、海洋科学、纳米新材料等战略领域和人文应用社会科学的扶持力度有待进一步加强。其次，从奖学金资助国别上看，我国应当加大力度资助学生到"一带一路"沿线国家留学，引领更多的人到一些在留学目的国中相对冷门但非常重要的国家去学习和交流。最后，从奖学金资助的对象上看，与公派留学项目相比，我国目前对自费留学

---

① ② 王辉耀，郭娇. 中国留学发展报告（2012）[M]. 北京：社会科学文献出版社，2012：17.

生的资助政策尚不完善，且在吸引自费留学人才回国服务方面尚未形成健全的政策体系，这对我国吸引优秀自费留学人才形成了巨大障碍。

（三）留学管理与服务体系有待完善

近年来我国出国留学的规模不断扩大，传统的管理体制无法适应留学人员不断涌现的新需求，并逐渐显露出一些管理和服务方面的问题。

一方面，我国对在外公派留学人员的管理力度不够。目前，我国在对公派留学人员研修情况的评估和监督以及留学人员毕业后回国就业的制度等方面仍然存在较多缺失，我国公派留学生长期失联、滞留不归导致的人才流失的现象仍较为普遍。此类现象部分归因于我国公派留学工作重心在前的现状，目前我国虽已经形成一套自成一体的公派留学生选派工作体系，但是对于在外留学生的管理和联系工作却成效甚微。国家留学基金委、驻外使（领）馆与派出单位之间没有建立起必要的信息沟通渠道，各管理机构之间的协调性差。留学人员每季度向驻外使领馆提交的研究进展情况及工作小结流于形式，派出单位对留学人员在外情况更是知之甚少。[①] 此外，我国对留学人员的服务水平也有待提升。我国公派留学管理工作千头万绪，申请与审批程序复杂，留学人员的服务体验感欠佳。

另一方面，在2000年以前，我国对自费留学生的管理与服务几乎处于缺位状态。2003年以来，国家逐步重视对自费留学市场的规范与引导，但与公派留学项目相比，我国对自费出国留学的管理和服务水平依然不高。首先，对自费留学人员在国外的学习、生活提供咨询和投诉的渠道尚不够便捷。随着自费留学生的大量增加，留学生群体年龄下

---

① 潘广贤. 我国公派出国留学工作中存在问题及对策研究［D］. 大连：大连理工大学，2006.

降，他们缺乏阅历，承受压力能力不足，自我保护观念淡薄，涉及人身安全等突发事件增多，驻外使领馆教育（文化）处（组）的工作压力陡然增加。① 其次，由于中介市场的混乱，自费出国留学人员利益时常受损。为了规范中介市场，我国政府已经通过合同范例的发布、中介资格的披露等途径规范中介机构的有序发展，但是逐利倾向仍然驱使一些非法和质量低下的中介机构违反市场秩序做出损害自费出国留学人员利益的行为，坑蒙拐骗、发布虚假信息、伪造材料、乱收费等现象依旧存在。

（四）人才流失严重

人才流失是指人力资本的国际流动，以人才是否在他国定居为依据，是相对于人才输出国而言的。国际上人才流失的一个普遍现象就是人才从发展中国家流向发达国家。我国外流的人才不仅规模大，而且学历层次高。② 2018年，完成学业后选择回国发展的留学人员占已完成学业群体的84.46%。虽然回流率已经有了大幅提升，但是由于留学人员总体基数大，以及高层次、高素质留学人才流失严重，我国出国留学教育依然面临着严峻的人才流失问题。

人才流失的归因很多，其中一部分应该归结于政策的缺位。从机制上看，我国缺乏相关机制妥善安置留学归国人员。从配套措施来看，目前对留学回国人员创新创业的资助力度与实际需求相比，尚有较大差距，引导留学回国人才到国家最需要的行业、地区和单位工作的政策措施尚不完全配套。目前，鼓励留学人员回国服务、为国服务的方针，还

---

① 《中国教育年鉴》编辑部. 中国教育年鉴2009 [M]. 北京：人民教育出版社，2010：25.
② 洪柳. 高等教育国际化背景下我国出国留学现状及分析 [J]. 河北师范大学学报（教育科学版），2013，15（2）：29-33.

难以满足那些已经取得其他国家国籍但仍愿意为我国服务的留学生的需要，国民待遇问题仍是制约高层次人才回国工作的瓶颈。此外，高层次人才回国服务的软环境还有待改善。① 我国所提出的一系列吸引留学人才的政策，关注的大多是资金待遇、科研设备、创业环境、住房安置、子女入学等硬件条件，对于国内的学术氛围、留学回国人员的心理冲突和情感需求等则几乎没有关注，这很可能导致一大批优秀留学人才回国后无法适应国内学术话语体系和无法满足心理需求又再次流向海外。

---

① 《中国教育年鉴》编辑部. 中国教育年鉴2009 [M]. 北京：人民教育出版社，2010：24.

第三节 优化出国留学服务的政策走向

《中国教育现代化2035》指出,我国要进一步提高开放水平,充分利用国际优质资源培养我国急需人才。加强统筹规划,完善管理,优化出国留学服务,集中公派留学资源培养国家急需人才。加强对自费留学生的服务和管理,完善优秀自费留学生奖学金资助政策,健全留学生归国就业创业优惠政策,加强海外留学人才引进和成果转化,吸引更多优秀留学生回国工作、为国服务。结合《国家中长期教育改革和发展规划纲要(2010—2020年)》和《关于做好新时期教育对外开放工作的若干意见》等文件精神,以及我国现阶段出国留学管理与服务领域存在的问题,继续加强统筹规划,优化出国留学管理与服务,集中公派留学资源培养国家急需人才,加强自费留学服务、管理和资助,完善留学生归国服务体系,是未来我国出国留学政策领域的走向。

一、加强统筹规划

针对当前出国留学教育领域存在的结构失衡问题,未来我国将在国家层面加强统筹规划,促进出国留学结构的均衡化,使出国留学教育结构更为合理,分布更为广泛。具体来看,国家的统筹规划职能体现在以下三个方面。

首先,促进公派留学的区域性平衡。具体来讲,公派留学要加强人员选派的针对性和实效性,使中西部地区有更多人员被派出,更重要的是使这些人员留学后能够回到中西部地区工作，参加中西部建设。① 我国还应继续开发和维持一些专项计划，加大对地方高校的扶持，为弱势群体以及少数民族提供倾斜性政策。其次，促进出国留学目的国分布的均衡化。针对目前我国出国留学人员相对集中于美国、英国、澳大利亚等发达国家的现象，未来我国将充分发挥统筹协调作用，建立一批有影响力的国别区域研究基地，加大对"一带一路"沿线国家的派遣留学生力度，以适应国家培养非通用语种人才和国别区域研究人才培养需要。最后，促进出国留学学科分布的均衡化。我国将继续优先派遣国家发展建设急需的理科、工科、农学、医学等学科人才，重点发展通信与信息技术、农业高新技术、生命科学与人口健康、材料科学与新材料、能源与环境、工程科学和应用社会科学等重点资助学科和专业领域，同时适当增加人工智能、大数据分析与处理等新兴学科和交叉学科留学人才的派遣规模。

二、优化出国留学管理与服务

《中国教育现代化2035》指出，要完善管理，优化出国留学服务。此前，2016年发布的《关于做好新时期教育对外开放工作的若干意见》也提出出国留学的工作目标：到2020年，我国出国留学服务体系基本健全，通过完善"选、派、管、回、用"工作机制，规范留学服务市场，完善全链条留学人员管理服务体系，优化出国留学服务。由此可见，要提高出国留学教育质量，必须改革和完善相关体制机制建设，优化出国留学管理与服务，具体包括：观念先行，在出国留学政策与实践中突出以人为本的理念和服务意识；完善公派出国留学管理政策，探索

---

① 戚德祥. 出国留学教育与中国高等教育跨越式发展[D]. 长春：东北师范大学，2003.

公派留学人员服务管理新模式；完善出国留学电子信息管理政策，健全留学人员信息化管理服务机制。

首先，必须在出国留学服务与管理过程中突出以人为本的理念和服务意识。在留学工作中体现以人为本，就是在政策制定与实施的过程中，以留学生群体的切身利益和需求为本，充分考虑留学生群体的心理特点与生活需要，使之真正受到留学生的欢迎。突出服务意识就是要适应留学工作形势的变化，进一步推进政府相关职能转变，切实提高政府及学校在出国留学各个环节的服务水平。[1] 总而言之，要在出国留学管理与服务的全过程中，渗透以人为本的理念和服务意识，真正提高我国出国留学管理与服务的人文关怀，切实提升留学生的满意度。

其次，完善"选、派、管、回、用"工作机制，健全全链条留学人员管理服务体系。我国需完善公派出国留学管理与服务体系，探索公派留学人员服务管理新模式，具体包括：建立国外留学资源筛选制度，推进公派出国留学选派体系的公开化和透明化；简化和规范出国留学审批程序，优化网上报名申请程序，提高管理效率；进一步改革公派出国留学经费管理政策，修订资助标准和经费管理办法使其更为完善，提高经费管理水平；构建多层次、多主体、快捷高效的公派留学人员管理和服务体系，充分发挥国家留学基金委、留学人员国内推选单位、驻外使（领）馆教育（文化）处（组）、国内外导师在留学管理工作中的作用，密切与在外留学人员的联系，加强对留学人员学术和生活动态的了解，以帮助他们更好应对国外复杂的形势与环境，为留学人员顺利完成学业提供保障；建立和完善公派出国留学人员目标考核的量化评估机制，开

---

[1]《中国教育年鉴》编辑部. 中国教育年鉴2009 [M]. 北京：人民教育出版社，2010：27.

展多途径、多种形式的评估活动，加强对留学过程和成效的动态监控，确保公派留学达到预期的目标；创新留学人员回国激励机制，真正做好对公派留学人员的全方位多层次服务。

最后，完善出国留学电子信息管理平台建设，优化出国留学人员服务与管理网络平台。在信息时代，我国应注重提升电子政务化管理水平，切实提升对出国留学人员的服务水平，具体包括：充分利用中国留学英才网、国家公派出国留学信息平台、驻外使（领）馆教育（文化）处（组）网站等信息平台，提高选派、管理、就业等信息的可获得性；加强教育涉外监管网的宣传和维护，及时发布留学预警，加强对境外院校资质、违规留学中介活动情况、外国留学政策等内容的公布力度；构建海外高层次留学人才信息库，做好海外留学人才和团队的引进工作，吸引和激励在外留学人员回国就业创业或为国服务。

三、集中公派留学资源培养国家急需人才

《中国教育现代化2035》指出，要集中公派留学资源培养国家急需人才。此前，《国家中长期教育改革和发展规划纲要（2010—2020年）》亦强调，创新和完善公派出国留学机制，在全国公开选拔优秀学生进入国外高水平大学和研究机构学习。持续、稳定地派遣出国留学人员是利用国际优质资源为我国培养急需人才的重要途径，能够有效弥补我国现有发展阶段优质高等教育资源不足的缺陷，为我国社会主义现代化建设补充高层次人才。未来，我国会继续集中公派留学资源，扩大出国留学的规模，提升公派资源的效益。

一方面，在今后相当长的一段时期内，留学工作发展仍是第一要务，因此继续扩大公派留学规模，应是未来我国出国留学工作的重点。

换句话说，要根据我国新阶段发展的新特点、新要求，充分认识扩大留学规模，培养大批具有全球视野和国际交往能力的高素质人才的重要性和紧迫性，积极探索、创新扩大留学规模的制度措施。①此外，未来我国要继续坚持鼓励留学的方针，首先要做好的是拓展经费来源渠道和保证经费总量，积极扩大与拓展公派出国留学的数量与途径，以达到利用国际最优质的高等教育资源为我国培养高素质、急需型人才的目的。

另一方面，由于我国公派出国留学的资源有限，因此我国迫切需要完善出国留学选派机制，选拔最优秀的人员出国留学，提高资源使用的效益，具体包括：公派留学人员的选派继续坚持按需派出、效益优先的原则，紧密根据国家需要选派留学生，重点支持经济结构调整和重点产业发展的急需人才；坚持"三个一流"的路径，即选派一流的学生到国外一流的院校和专业，师从一流导师，以保证公派出国留学的高水平和高标准；加大择优资助扶持力度，引导更多的学生前往"一带一路"沿线国家留学，充分发挥政府奖学金的引领作用。

四、加强对自费留学生的服务、管理和资助

《中国教育现代化2035》指出，要加强对自费留学生的服务和管理，完善优秀自费留学生奖学金资助政策。此前，《国家中长期教育改革和发展规划纲要（2010—2020年）》亦强调，加强对自费出国留学的政策引导，加大对优秀自费留学生资助和奖励力度。加强对自费留学生的服务、管理和资助是未来我国留学教育领域的工作重点之一。

首先，进一步加强对自费留学生的服务。相关管理部门需要牢固树

---

① 《中国教育年鉴》编辑部. 中国教育年鉴2009 [M]. 北京：人民教育出版社，2010：27.

立以人为本的理念,加强对自费留学人员的服务,特别是要在观念上、政策上把自费留学生视为留学生群体的重要组成部分,给予与公费留学生同等的重视和服务,为自费留学人员提供信息服务、完善配套措施、改善服务机制、健全市场监管等。① 我国还需要充分利用国内外各种资源,增加与自费留学人员的接触,为自费留学人员在国外的学习、生活提供便捷的咨询和投诉渠道。此外,对于回国留学生对各地就业政策缺乏了解、求职期错过国内招聘季、面临文化再适应等实际问题,还需要设立专业部门为他们提供就业信息服务,帮助留学归国人员实现从出国留学到回国就业的顺利过渡。

其次,进一步加强对自费留学市场的管理。一方面,针对留学中介市场紊乱的情况,我国应当颁布一套统一的中介标准和评估指标,建立预警机制和申诉机制。各级管理部门要加大管理力度,及时有效对投诉案件进行查处,对非法中介机构进行披露。同时充分发挥行业协会的作用,推动中介留学机构加强行业自律。以此在政策层面和实践层面双管齐下,规范留学服务市场,保障自费留学人员的合法权益。另一方面,进一步完善海外资源筛选制度,优化教育涉外监管信息网,具体包括:实时更新外国留学政策新变化;不断更新和完善具备资质的国外院校名单,努力覆盖更多国家和地区的高校;及时公布预警信息;及时披露声誉低下的海外高校名单。

最后,完善优秀自费留学生奖学金资助政策。具体政策包括:完善对自费出国留学人员的择优资助政策,扩大对优秀自费留学生资助和奖励的范围与力度;增设对优秀自费留学人员学成归国后的专项资助计

---

① 《中国教育年鉴》编辑部. 中国教育年鉴2009 [M]. 北京:人民教育出版社,2010:27.

划，为在学业上取得优异成绩并回国服务的自费留学人员提供在外留学期间的学费、生活费全额或部分补助；完善对自费留学生就业创业的资助政策，加大对自费留学生就业创业资金扶持力度，通过设立创业基金、发展资金和奖励资金等方式，对重点建设项目和自主创新方面的重点人才进行创业扶持，吸引自费留学人员在国内就业创业。

五、健全留学生归国就业创业优惠政策

《中国教育现代化2035》指出，要健全留学生归国就业创业优惠政策，加强海外留学人才引进和成果转化，吸引更多优秀留学生回国工作、为国服务。此前，《国家中长期教育改革和发展规划纲要（2010—2020年）》亦强调，吸引海外优秀留学人员回国服务。良好的制度环境、合理的优惠政策，以及科学的激励机制，对回国人才来说是一种必要的制度性保护，是实现其长期发展的必要保证。[1] 在全球人才竞争日益激烈的背景下，我国需进一步落实和完善留学回国人员就业创业优惠政策，营造尊重人才的制度环境，建立行之有效的激励机制，为海外优秀人才回国服务提供政策和制度方面的坚实保障。

首先，健全留学生归国就业创业优惠政策。具体政策包括：建立相关机制妥善安置留学归国人员，健全工作和服务平台，保障及落实留学回国人员在薪酬、户籍、社会保障、住房安置、子女入学、科研设备、科研经费等待遇及配套设施方面的要求，吸引更多优秀留学生回国工作、为国服务。此外，当前针对海外留学人才引进方面的政策，多面向各领域的高端人才，且重点在高校和科研机构，未来还应扩大受众范

---

[1] 柯常青，黄永林，王琍，等. 我国公派出国留学人员资助政策现状研究[J]. 华中师范大学学报（人文社会科学版），2015，54（6）：154-166.

围，将不同类别和不同就业需求的海归大学生都纳入国家就业创业的优惠政策体系中。

其次，加强海外留学人才引进和成果转化。在各地建设的创新创业园区、高新技术开发区中，尤其需要通过创新人才制度吸引留学人才归国就业创业，通过各地财政、工商、人社等政府部门的协同治理，向留学人才提供更多就业创业渠道。① 同时加大对大学科技园、技术转移中心、留学人员创业园和孵化基地的建设工作，设立专项资金，支持高层次留学人才从事高新技术转化活动，促进留学人才的成果转化。

最后，营造更为包容、积极和开放的文化氛围，建立更加公平合理的人才选拔与评价体系。一方面，我们需要建立与国际接轨的人才选拔机制，畅通优秀人才在国内外和"体制内外"的发展渠道。一套公平合理的人才选拔和评价体系，有利于满足留学人才职业发展的切实需求，有助于长期吸引和留住优秀留学人才。另一方面，回国人员非常希望在研究上能独立自主，需要一个相对宽松自由的工作环境，让他们能学有所用，施展才华。因此，我们要营造一个宽松自由、平等竞争的学术环境和团结协作、和谐愉快的工作环境，避免以官僚主义、行政权力过多干涉学术研究；建立竞争机制，制度要保证透明性和公正性。② 更为重要的是，创造宽容的人才发展环境，切实了解留学归国人员在工作、生活以及心理层面的实际需求，帮助他们回国后更好适应国内学术话语体系和生活环境。

---

① 李强，孙亚梅. 对于中国大学生出国留学四个趋势的认识与思考 [J]. 北京行政学院学报，2018（5）：93-100.
② 甄艳萍. 改革开放以来我国留学政策的演变及对策思考 [D]. 大连：大连理工大学，2007.

第四章　打造国际留学中心

一直以来，来华留学教育是我国教育对外开放的重要组成部分以及对外交流工作的一项重要内容，在推动教育国际化和推进社会经济、政治、文化发展方面具有重要意义。《中国教育现代化2035》中指出，教育对外开放是推进教育现代化的重要举措，为此要进一步提升我国教育国际影响力，打造国际留学中心，努力将我国建成具有重要国际影响力的全球教育高地。本章主要探讨打造国际留学中心的内涵和意义，总结当前建设国际留学中心所取得的进展和存在的问题，并分析打造国际留学中心的政策走向。

第一节　国际留学中心的内涵和意义

《中国教育现代化2035》首次在政策文本中提出了国际留学中心这一概念。打造国际留学中心的实质就是发展留学生教育，使其在规模、结构、质量和管理上取得进一步突破，这对我国高等教育发展、经济建设、文化传播、对外交往都具有非常重要的意义。

一、国际留学中心的内涵

目前，国内外尚未明确提出国际留学中心这一概念，应用较多的说法是"世界最大留学目的地国""最具吸引力的留学目的地国""最受欢迎的留学国家"等,但也都没有统一明确的界定标准。下文参考美国、英国等当前世界最大的留学目的地国,总结出国际留学中心一般应具备的特征。

(一)较大的留学生规模

一个国家招收来自其他国家的留学生数量,以及留学生占该国高校在校生的比例,是衡量一个国家教育国际化程度的因素之一,也是衡量一个国家留学教育工作的重要指标。留学生生源规模可以从三个方面进行考量,即留学生总人数、留学生占该国高等教育在校生的比例和各高校招收留学生的比例。

从留学生总人数来看,2018年全球受留学生欢迎的国家前五名依次是美国、英国、中国、澳大利亚和加拿大。其中2017—2018学年,美国招收的留学生总数为1 094 792人,占到市场份额的22%,这已经是美国招收的留学生人数连续第三年突破100万大关。英国招收的留学生总数为506 480人,中国招收的留学生总数为489 200人,澳大利亚招收的留学生总数为371 885人,加拿大招收的留学生总数为370 710人。从留学生占东道国高等教育总人数的比例来看,2016年经合组织国家国际学生占高等教育在校生总人数的平均值达6%,其中,新西兰高达20%,澳大利亚高达17%,英国和瑞士均为18%,加拿大为12%,法国为10%。① 根据美国国际教育协会(IIE)发布的数据,2008—2016年,赴美留学生占美国高等教育总人数的比例分别是3.5%、3.4%、3.5%、3.7%、3.9%、4.2%、4.8%、5.2%、5.3%。从各高校招收留学生的比例

---

① Organization for Economic Co-operation and Development. Education at a Glance 2018: OECD Indicators [R]. Paris: OECD, 2018.

来看，当前一些世界一流大学都拥有较高的留学生比例，如英国牛津大学和剑桥大学留学生比例分别是40%和37%，美国哈佛大学和麻省理工学院留学生占比分别是26%和34%。由此可见，要打造国际留学中心，就必须以招收较大规模的留学生为基础，并保持留学生在高等教育总人数中持有较高比例，在各高校中也占有一定份额。

（二）合理的留学生教育结构

留学生教育结构主要包括生源地分布、学历结构、专业学科。留学生教育结构在一定程度上反映着留学生教育的强弱优劣。

以当前全球最大的留学目的地国美国为例，在生源地方面，美国留学生生源广泛，来自亚洲、非洲、欧洲、美洲和大洋洲。2016—2017学年，赴美留学生生源最大的十个国家（地区）除墨西哥和加拿大以外，其余均不是其邻国。从留学生教育结构来看，在学历结构方面，赴美留学生中学历生比例一直维持在85%以上。2016—2017学年，赴美留学生共计903 127名（不含OPT生），其中学历教育生830 143名，占比91.9%，非学历生仅72 984，占比8.1%。在教育层次方面，2016—2017学年，赴美留学本科生439 019人，占学历教育生总数的53%，研究生391 124，占学历教育总人数的47%，研究生与本科生人数差距不大。在专业学科方面，科学（Science）、技术（Technology）、工程（Engineering）、数学（Mathematics）专业受到在美留学生的青睐。2016—2017学年，留学生所学专业人数最多的是工程学，在留学生总人数中占比25.5%；其次是工商管理，占比22.2%；接下来就是数学和计算机科学，占比18.5%。

（三）较高的留学生教育质量

留学生教育质量直接关乎一个国家的高等教育声誉和影响力。留学生教育的质量一方面取决于国家高等教育的实力，另一方面取决于政府和高校对留学生教育质量本身的把控和监管。纵观美国和英国这两个世界最大的留学目的地国,无不拥有着强大的高等教育实力和良好的高等教育声誉。QS公布的2018年世界大学排行榜中,前十名除瑞士一所高校外,其余均为美、英高校。其中,美国占据了五所,分别是麻省理工学院、斯坦福大学、哈佛大学、加州理工学院和芝加哥大学。英国高校入围前十的有四所,分别是剑桥大学、牛津大学、伦敦大学学院和伦敦理工学院。入围前100名的大学中,美、英高校共计47所,占比近50%。这些一流大学具备一流的学科实力、高质量的师资队伍和极强的科研能力,是吸引世界各地留学生的原因所在。

在对留学生教育质量本身的把控方面,美、英两大留学目的地国也都具备了较为完善的留学生质量保障体系。以英国为例,留学生教育质量既依靠学校内部的自我管理和约束,又受到了外部机构的监督和评估。在内部保障机制方面,留学生在英国高校接受和本土学生一致的学术标准和质量保障机构的评估。相关机构会对留学生进行学习情况的调查,也会进行全国学生调查,制作留学生晴雨调查表。这些调查涉及的方面有课程教学、评估和反馈、学习支持、组织和管理结构、个人发展、总体满意度等。其中,全国学生调查的结果会在全国高校课程联合会上进行公布,可以查看每个高校的课程调查结果和学生满意度以及评估报告。在外部质量保障方面,涉及的主体有政府、高等教育质量保障署以及英国大学组织、英国文化协会、英国国际学生事务委员会等组织,多主体的参与较好地维护了英国留学生的教育质量。

(四)完善的留学生服务体系

留学生服务涉及教育、住宿、勤工俭学、医疗保险、社会福利、社团组织、宗教文化活动等诸多方面,为留学生在接收国的学习生活提供基本的保障。完善的留学生服务体系、良好的留学体验可以成为吸引国际学生的加分项。普遍而言，世界主要的留学目的地国都在强调健全留学生服务体系，改进留学生服务工作，优化留学生教育环境。如英国就彻底贯彻了"学生即顾客"这种全面为学生服务的理念。在英国，留学生可以享受到的基本服务包括学前各种准备工作的说明，到达英国之后的接待，对学校及专业基本情况的介绍，在读期间的各种实习、兼职机会，未来就业指导，等等。这一系列的留学支持，大大改善和增强了留学生的学习体验。[①]

二、国际留学中心的意义

在全球化背景下，打造国际留学中心，顺应高等教育国际化趋势已经不仅是一个教育问题，而且是一个关乎国家政治、经济和文化辐射的问题。吸引国际留学生已成为各国进行经济建设、文化传播、外交布局的重要途径，是一个国家实现自身利益、提升国际影响力的手段。正如阿特巴赫所指出的："国家主义、民族主义的崛起带来了高等教育国际化内涵上的深刻变化，对于普遍性知识的追求的学术化趋向已经被国家身份、国家需求的发展所替代了，政治的、文化的考量超过了学术的考量。"[②] 因此，我们必须从更高的层次和更广的层面来认识并打造国际留学中心的意义。

（一）有利于促进高等教育的发展

国际大学协会（International Association of Universities，简称为

[①] 苏明明，李辉. 英国留学生教育管理探析［J］. 世界教育信息，2019，32（1）：26-29.
[②] 刘江南. 美国高等教育国际化动向及其战略意图［J］. 中国高等教育，2011（9）：60-62.

IAU）针对95个国家的调查显示，多数高校认为留学教育带来的两个最为重要的好处是提高国际化水平与学术质量。[①] 当前，高等教育国际化作为世界高等教育发展的重要趋势，被世界各国置于教育政策的核心位置。而学生的国际流动是高等教育国际化的重要标志之一。有学者认为，高等教育国际化最显著的标志就体现在以吸引海外留学生为主的教育输出水平上，包括国际学生输入的规模、质量及影响力等方面。[②] 同时，留学生还将为一个国家的高等教育发展作出实质性的贡献。留学生将营造多元的学术生态环境，会把国际视野、国际见解、国际文化带入高校，丰富课堂内容，促进老师教学方法的更新，激发本国学生的讨论意识。因此，当在大学校园中有相当数量的留学生时，学校的教学思路和眼界会更开阔。此外，留学生还是高校科研力量的重要组成部分。有研究表明，国际学生每增加10%，专利申请数将增加4.5%。[③]

（二）有利于推动经济的发展

打造国际留学中心还将为我国带来直接或间接的经济效益。当前，留学生教育已经成为很多国家非贸易创汇的重要收入来源，国际学生所产生的学杂费、娱乐消费、亲朋好友来访旅费等都为接收国的经济作出了贡献。如英国大学组织的报告显示，2014—2015学年，国际学生共为英国带来了258亿英镑的收入，其中包括学费、生活费、校外花费以

---

① Jane Knight. Internationalization Brings Important Benefits as Well as Risks [J]. International Higher Education, 2015 (46): 8–10.
② 王军. 我国来华留学生教育的基本定位与应对策略 [J]. 中国高教研究，2014（8）：88–92.
③ Nial Hegarty. Where We Are Now–The Presence and Importance of International Students to Universities in the United States [J]. Journal of International students, 2014, 4 (3): 223–235.

及亲友来访等，这些消费为英国创造了20万个直接就业机会。美国商务部的数据显示，2016年，国际学生为美国经济贡献了394亿美元。2017年，新西兰国际教育经济评估报告显示，新西兰当年的国际教育价值升至51亿美元，其中48亿美元为新西兰的国际学生学费和生活费用，3亿美元为国际学生的其他消费。与此同时，国际教育为新西兰带来了49 631个就业岗位。而有研究显示，我国外来留学生规模对经济发展的贡献度亟待提高，留学生经济红利有待进一步挖掘。①

（三）有利于促进文化的传播与理解

在全球化背景下，国与国的交往日益密切，各国都在积极致力于探索各种渠道来传播本国文化，以提升国家软实力。作为培养国际人才的留学生教育是文化传播的重要载体，留学生到一国接受教育的过程实质上就是一种文化传播的过程。那些在中国学习汉语、中医、历史、戏曲等专业的留学生会对中华文化有深入全面的了解，而那些其他专业的学生也会在平时的学习生活中潜移默化地接受中国文化的熏陶。他们学成归国后，便是具有了双重属性的文化个体，既是中国文化的接受者，也是中国文化的传播者。而且，他们会以外国受众更能接受的方式和渠道传播中国文化。②当他们向自己的家人、朋友以及其他外国人讲起在中国的学习经历时，将会比媒体的报道更具感染力和说服力。而且，国际留学中心将使世界不同国家、不同民族、不同肤色、不同宗教信仰的年轻人会聚在中国，营造出多元的文化氛围，促进我国国际理解教育的发展，提升公民的跨文化交往能力。正如耶鲁大学所认为的教育国际化最

---

① 杨洲,刘志民. 2001—2015年我国来华留学生对经济增长贡献的弹性系数研究[J]. 教育经济, 2017 (12): 47-51.
② 关春芳. 文化传播与高校留学生教育[J]. 中国高等教育, 2012 (7): 56-57.

大的意义在于"把全球学生会聚到一起,大学可以培养他们相互容忍和相互理解的能力,这些年轻人将是未来世界的领导人"。①

(四)有利于推动我国的政治外交工作

留学生教育具有重要的政治外交功能。打造国际留学中心有利于培养支持中国的友好力量,是我国对未来政治关系的一种潜在投资。当留学生来到接收国学习知识时,也会受到一定的政治、文化和价值观熏陶,同时会培养出对接收国的感情,最后会把这种倾向性表现在政治立场上。一些留学生在学成归国后有可能在其国家担任重要的领导位置,对其国家的发展产生重要影响。这也是很多国家设立奖学金计划吸引留学生的重要原因之一。美国前总统克林顿在谈及教育国际化的重要意义时就指出了留学教育对政治外交工作的影响:"……美国的领袖地位还依赖于同那些在未来将领导其国家的政治、文化和经济发展的人士建立联系。一贯而协调的国际教育战略将帮助我们满足如下的双重挑战,既使我们的公民为一种全球的环境做好准备,又继续吸引和教育来自国外的未来的领袖。"②重视留学生教育的政治外交属性一直是我国留学生工作的努力方向。在中华人民共和国成立初期至改革开放前,我国接收来华留学生主要是作为国家对外政策的一个组成部分而存在。过去一段时间,接收和培养外国留学生是我国外交工作的组成部分和应尽的国际主义义务,是增进我国人民同各国之间的友谊和了解,维护国际和平环境的一项具有战略意义的工作。③时至今日,来华留学生教育仍是我国外

---

① ② 刘江南. 美国高等教育国际化动向及其战略意图[J]. 中国高等教育,2011(9):60-62.
③ 余承海,程晋宽. 来华留学生教育发展的新特征[J]. 高教发展与评估,2011,27(5):118-123.

事工作的一个重要组成部分,在培育我国软实力、配合外交工作等方面具有战略性意义。

(五)有利于吸引国际人才

当今世界各国的竞争归根结底是人才的竞争,招收国际留学生是一个国家进行国际人才储备的重要途径。如果优秀的国际人才毕业后留在接收国工作,将为其经济与科技发展作出贡献。正是出于这方面的考量,一些发达国家为留学生提供畅通的实习和工作机会。美国为留学生提供的临时工作签证OPT(Optional Practical Training)就是其同别的国家竞争顶尖人才的一种机制。近年来,获批OPT留在美国工作的留学生不断增加。2004—2016年,美国高校有近150万留学生通过OPT留在美国工作,他们中超过半数(53%)在STEM(STEM为Science、Technology、Engineering、Mathematics的首字母)领域工作,成为推动美国社会科技发展的新生力量。尤其是自2008年以来,获准在美国临时工作的STEM国际学生增加了400%。日本政府于2016年出台了《日本复兴战略》,其设立的目标是到2020年将在日本留学的毕业生就业率从不到35%提高到50%,把推动留学生继续留在日本工作视为当下的优先任务。① 对于我国来说,不论是建设创新型社会,还是中国企业的海外发展战略,又或是深入参与全球化发展,都需要大量的国际人才。因此,打造国际留学中心,吸引优秀人才来华留学是尤为重要和必要的。

---

① 陈雪纯. 日本积极推动留学生在日工作[J]. 世界教育信息,2017,30(9):78-79.

第二节　国际留学中心建设取得的进展与存在的问题

从新中国成立至今，我国在来华留学教育方面取得了长足的发展，国际留学中心建设初见成效，具体体现在来华留学生规模不断扩大，来华留学生结构有所优化，来华留学生奖学金来源趋于多样化，同时，来华留学教育还为我国培养了大批国际杰出人才。但若把我国留学生教育置于全球化背景下来审视，同美国、英国等其他世界教育高地相比较，还不乏一些有待提高和改善之处。

一、国际留学中心建设取得的进展

新中国成立以来，从1950年7月清华大学招收首批30余名东欧国家来华留学生伊始，我国来华留学教育先后经历了萌芽阶段、停顿与缓慢恢复阶段、快速发展阶段，在21世纪迎来了全面繁荣阶段，并取得了一系列的成绩，具体体现在以下几个方面。

（一）来华留学生规模不断扩大

留学生规模是国际留学中心的重要指标。进入21世纪以来，随着我国国际影响力的不断扩大，加之对来华留学教育工作的重视，吸引了越来越多的外国学生来华求学。2000—2017年，来华留学人数总体上呈现不断增长态势，仅在2003年受到"非典"疫情的影响，来华留学生人数有所下降，其余年份较上一年相比均有所增加（详见图4-1）。2017年，来华留学生总数达到489 200名，与2000年的52 150名相比，增长了近9倍，中国一跃成为世界第三、亚洲最大留学目的地国。与世界留学大国美国和英国比，我国来华留学生规模保持着较好的增速。根据《中国留学发展报告（2017）》的数据，美国国际学生增速从2014—2015学年的10%下降至2016—2017学年的3.4%，英国从2.9%下降至0.9%，中国从5.8%上升到11.4%。①

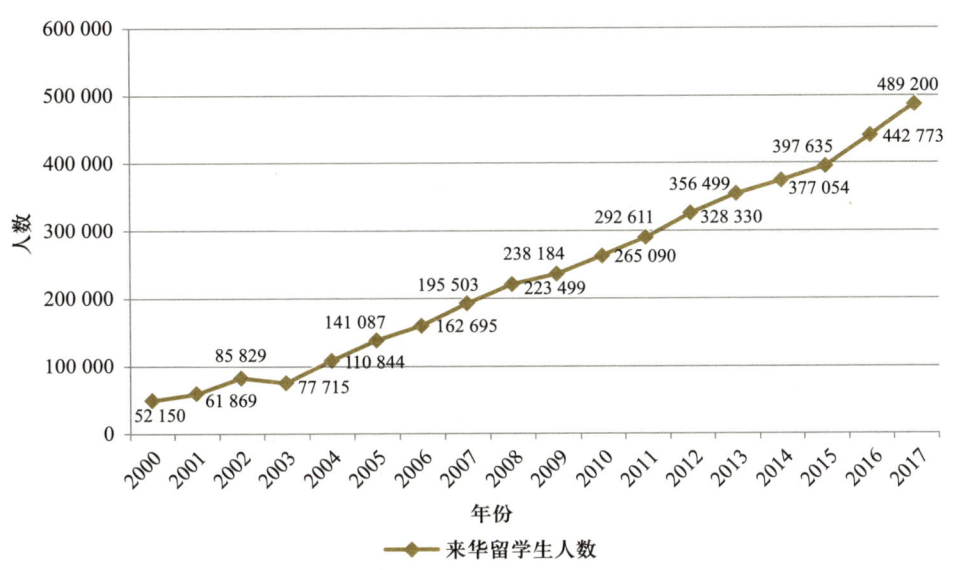

图4-1　2000—2017年来华留学生数

数据来源：教育部国际合作与交流司《来华留学简明统计》

（二）来华留学生结构不断优化

首先，来华留学生生源结构不断优化。来华留学生源国别和地区日趋多元化，从2000年的166个国别和地区发展至2016年的205个国别和地区，增加了39个。来华留学生人数超过500名的国家和地区从2000年的16个增长至98个。其中，亚洲国家和地区从44个增至46个，非洲国家和地区从47个增至55个，欧洲国家和地区从39个增至45个，大洋

---

① 李小红，方晓田. 近十年高等教育之来华留学教育：成绩与挑战［J］. 国家教育行政学院学报，2018（4）：58-64.

洲国家和地区从8个增至18个。

其次，来华留学生学习层次①不断提高，学历生比例不断上升，从2000年的26.3%上升至2016年的47.4%，占来华留学生总数的近一半。从学历来华留学生的内部结构来看，学历层次有所提高，硕士研究生占学历来华留学生的比例从2000年的16%上升至2016年的21.8%，博士研究生占学历来华留学生的比例从2000年的7.7%上升至2016年的8.6%。

最后，来华留学生学习专业趋于多元化，从较为单一的以汉语言为主的局面发展至多种专业并行。2000年，来华留学生学习的专业（类）共计15个，其中学生人数超过2 000名的专业（类）仅有3个，分别是汉语言、中医和文学。而汉语专业（类）留学生（包括学历生和非学历生）占比为67.9%，其余依次是中医7.1%，文学5.5%，其他12个专业（类）的留学生人数占比合计为19.5%。2016年，这一局面有了很大的改善，来华留学生学习的专业（类）共计14个，其中来华留学生达到或超过5 000名的专业（类）就有11个，依次为汉语言、西医、工科、经济、文学、管理、教育、中医、法学、理科和艺术，其中汉语言类占留学生总数的比例降至38.2%。②

（三）来华留学生奖学金来源多样化

奖学金是吸引国际学生来一国留学的重要途径。我国建设国际留学中心取得的另一个进展体现为来华留学生奖学金来源多样化。中国政府

---

① 来华留学生按学习层次分为学历生和非学历生。学历来华留学生包括专科生、本科生、硕士研究生和博士研究生。非学历来华留学生是指不以攻读我国高等学历学位为目的的各类长短期留学生，包括预科生、进修生和研究学者。
② 数据来源：教育部国际合作与交流司《来华留学简明统计》。

奖学金一直以来是来华留学生奖学金的中坚力量,在来华留学教育中发挥着日益显著的作用。根据教育部国际合作与交流司的数据,2007—2016年,中国政府奖学金留学生①(以下简称"奖学金留学生")规模不断扩大,比例持续上升。2007年来华留学生人数中奖学金留学生占比5.2%。而这一数据在之后持续攀升,2016年奖学金留学生占来华留学生人数的11.1%。同时,中国政府奖学金逐渐倾向于学历生。2007年学历奖学金留学生占奖学金留学生总数的65.2%,2015年上升至89.4%,2016年较2015年稍有下降,但依旧维持着88.1%的较高比例。这一变化说明了我国注重发挥中国政府奖学金在吸引高素质人才方面的作用。

除了中国中央政府,一些地方政府、高校、企业及外国政府或组织也设立了相关奖学金资助学生来华留学。截至2012年,已有约20个省、自治区、直辖市设立了地方政府奖学金,投入总规模持续增长。国家开发银行、华为公司、中国石油天然气集团公司和中国航空工业集团等国有大型企业、特别是一些外向型企业也捐资设立来华留学生奖学金,培养企业发展人才本土化所需的国际化人才。此外,巴基斯坦、泰国、伊朗、坦桑尼亚、巴西、沙特等国家政府也先后设立了国家层面的奖学金项目,支持本国学生来华留学。

(四)来华留学教育为我国培养了大批国际杰出人才

我国来华留学教育取得的另一个重要成就是培养了一大批知华、友华、爱华的国际杰出人才。截至2017年年底,来华留学生规模累计约400万人次,毕业生中涌现出了埃塞俄比亚总统穆拉图、哈萨克斯坦总理马西莫夫、越南副总理阮善仁等国家领导人。此外,据不完全

---

① 统计数据中不包括获得地方政府奖学金的学生。

统计，从我国毕业回国的留学生中，有40余人次在本国担任了副部长以上职务，有近20人先后任驻华大使，有60余人任驻华使馆参赞，还有一些成为著名学者和大企业家，更多的则发展成为本国建设的各方面宝贵人才。这些优秀的来华留学毕业生是我国营造友好国际环境、发展软实力、实现"中国梦"不可忽视的一支力量，在推动我国对外交往，增进我国与其他国家的政治互信、经济合作与文化交流方面发挥着重要作用。

二、国际留学中心建设存在的问题

综上所述，我国来华留学教育事业已经取得了巨大成就。但是其中也存在一些问题，距离打造国际留学中心的目标还有一定距离。这些问题具体表现为以下几个方面。

（一）来华留学生相对数量较少

根据中国教育部的统计，2017年来华留学生总数达48.92万，中国成为亚洲第一、世界第三大留学目的地国。虽然绝对数量上非常庞大，但在相对数量上仍然不足。

首先，来华留学生人数在我国高等教育总人数中所占比例较小。2008—2016年，来华留学生占我国高校在校生总人数的比例分别为1.1%、1.1%、1.2%、1.3%、1.4%、1.4%、1.1%、1.1%、1.2%。[①]而经济合作与发展组织（OECD）发布的《2018年教育概览》显示，2016年经合组织国家国际学生占高等教育在校生总人数的平均值达6%。其中新西兰高达20%，澳大利亚高达17%，英国和瑞士均为18%，加拿大为12%，法国

---

① 李小红，方晓田. 近十年高等教育之来华留学教育：成绩与挑战［J］. 国家教育行政学院学报，2018（4）：58-64.

为10%。根据美国国际教育协会（IIE）发布的数据，2008—2016年，赴美留学生占高校在校生总人数的比例分别是3.5%、3.4%、3.5%、3.7%、3.9%、4.2%、4.8%、5.2%、5.3%。显然，在这方面我国同这些发达国家还有很大差距。具体到各高校的国际留学生比例来看，《泰晤士高等教育》发布的2019年世界大学排名中，我国清华大学和北京大学的国际学生比例分别为11.9%和17%，而英国牛津大学和剑桥大学这一比率分别为40%和37%，美国哈佛大学和麻省理工学院这一比率分别是26%和34%。

其次，我国留学赤字明显，在海外学习的中国留学生人数与来华留学生人数逆差仍旧严重。根据教育部的数据，2016年我国各类出国留学人员总计544 500人，来华留学人员总计442 800人，留学赤字为101 700人；2017年我国各类出国留学人员总计608 400人，来华留学人员总计489 200人，逆差有所扩大，为119 200人。再聚焦中美留学赤字问题。2016—2017学年有350 755名中国学生赴美留学，而2016年仅有23 838名美国学生来华留学，不及中国赴美留学人数的十分之一，中美留学逆差巨大。在教育层次方面，2016—2017学年赴美留学的中国学生中，学历生人数占77.3%。而2016年在来华留学的美国学生中学历生占比仅为13.6%。①

（二）来华留学结构失衡

我国在打造国际留学中心之路上面临的另一个艰巨挑战是来华留学结构失衡，具体表现在生源结构不平衡、教育层次偏低、学科分布不合理。

---

① 根据教育部国际合作与交流司《来华留学生简明统计2016》中的数据计算得出。

从生源结构来看,虽然近年来各大洲来华留学人数都有所增加,但亚洲生源仍旧占据着绝对主导。2016年,虽然亚洲生源占比下降至59.84%,仍然占据着来华留学生数量的一半以上。欧洲生源仅占比16.11%,非洲生源仅占比13.91%,美洲和大洋洲生源占比更小,分别是8.60%和1.54%。从国别分布来看,2016年,来华留学前十名国家中除了美国和俄罗斯,其他八个都是亚洲国家。这十个国家的留学生人数占到了来华留学生总数的50.84%,意味着其余195个国家的来华留学生总共也才不到50%。

从教育层次来看,虽然近年来来华留学教育层次不断提升,但是依旧存在学历生比例小,高层次学历生少的问题。2016年来华留学生学历比例为47.4%,不足留学生总数的一半。同时,学历来华留学生中高学历层次人才较少,2016年来华留学生中专科生占留学生总数的1.1%,本科生占31.9%,硕士生占10.3%,博士生占比4.1%。① 与之相比,2016—2017学年中国赴美留学生共计903 127名(不含OPT生),其中学历教育生830 143名,占比91.9%,非学历生仅72 984名,占比8.1%。其中本科生占留学生总数的48.6%,硕士生占26.3%,博士生占13.8%。

从专业分布来看,尽管来华留学专业选择日趋多元化,但结构尚不合理。留学生主要集中在汉语言和西医专业,分布在STEM领域和金融、会计、管理、经济领域的并不多。2016年来华留学生学习最多的专业为汉语言和西医,分别占比38.2%和11.1%,工科占比10.9%,理科占比1.4%。而经合组织国家的留学生主要分布在STEM以及商业、行政和法律领域,其中STEM领域的留学生占留学生总数的三分之一,具体

---

① 根据教育部国际合作与交流司《来华留学生简明统计2016》中的数据计算得出。

分布为：工程、制造和建筑占17%，自然科学、数学和统计学占10%，信息和通信技术占6%。①而留学教育最为发达的美国，2016—2017学年留学生人数最多的专业是工程学，占比25.5%；其次是工商管理，占比22.2%；再者就是数学和计算机科学，占比18.5%。如果未来我国依旧保持以汉语言、中医等优势专业为主的留学教育结构，而忽视对STEM领域的留学教育发展，将使我国在国际留学市场中处于弱势地位，同时会影响对高科技人才的培养，从而进一步影响国际留学教育带给国家科技发展的实质推动效应。

（三）来华留学教育质量有待提升

来华留学教育质量直接影响到来华留学生的满意度，进一步影响着我国高等教育的国际声誉和对留学生的吸引力。在我国来华留学教育规模不断扩大的同时，来华留学教育质量还有待提升。影响来华留学教育质量的环节主要有来华前的招生、入学前的预科教育和入学后的教育。当前，我国一些高校存在着一味追求国际学生比例或经济效益，降低招生门槛的现象。加之当前我国留学生入学考核制度和预科教育体制的不完善，大部分学生没有经过严格的考核和预备培训就进入专业学习，无论对教师还是对学生来说，都面临着巨大的挑战。除此之外，教学过程中的教学语言、方式、师资队伍水平等也进一步影响着来华留学教育质量。一项针对来华留学研究生的培养质量调查显示，来华留学研究生普遍遭遇语言困境，接近80%的来华留学研究生认为语言障碍是其在留学过程中遇到的最大困难。②造成这一问题的主要原因是我国高校当前

---

① Organization for Economic Co-operation and Development Education at a Glance 2018: OECD Indicators［R］. Paris: OECD, 2018.
② 刘水云. 来华留学研究生培养质量调查［J］. 学位与研究生教育，2017（8）: 26-31.

全英文课程薄弱，英文授课比例较低，留学生教育仍是以汉语作为主导教学语言，在一定程度上影响了学生的听课质量和同任课教师的沟通交流。这项调查还显示，来华留学研究生对中国课堂的教学内容、教学和评价方式的满意度相对较低，对在中国获得高质量的教育这一项期待和收获之间落差较大。很多来华留学研究生认为中国的教学方式以填鸭式为主，课堂讨论较少，不鼓励学生的课堂参与和批判性思维，评价则以记忆为导向，评价标准过于随意，规范性不强。[①]其次，高校中教师的英语水平、多元文化价值观念、教学方法和跨文化交际能力也都有待提升。

（四）来华留学管理制度不完善

首先，来华留学生奖学金制度尚不完善。奖学金制度一直是各高等教育强国开拓国际留学市场的有效武器，起到了重要的导向作用。[②]当前我国留学生奖学金制度主要存在两个方面的问题。第一，奖学金政策向发展中国家倾斜，导致了来华留学生奖学金覆盖面有限。2016年，有183个国家和地区的学生获得中国政府奖学金，其中亚洲占比54.8%，非洲占比20.5%，而欧洲、美洲、大洋洲分别占比15.5%、7.8%和1.4%。[③]这不利于吸引更多、更优秀的世界国际学生留学中国。第二，我国留学生奖学金经费渠道单一，从中央到地方来华留学生奖学金的设立均以政府为主，少有企业和民间机构为来华留学生提供奖学金。而反观美国名目繁多的奖学金，如联邦奖学金、私人基金奖学金、学院奖学金、系科

---

① 刘水云．来华留学研究生培养质量调查［J］．学位与研究生教育，2017（8）：26-31．
② 李云鹏．中美两国留学生教育结构之比较［J］．高教发展与评估，2011，27（5）：114-117．
③ 教育部国际合作与交流司．来华留学生简明统计2016［M］．北京：教育部国际合作与交流司，2017：252．

学奖学金、假期奖学金等,形成了政府、高校和私人共同资助的留学生奖学金体系。① 近几年随着来华留学人数的快速增长,对政府奖学金的名额和数额的增长提出了迫切的需求,如果只是依赖于政府的资助是远远不够的。长此以往将在一定程度上制约来华留学生规模的扩大,从而影响打造国际留学中心的进程。

其次,来华留学生服务制度尚不完善。具体体现在来华留学生社会化服务法律法规建设滞后,留学生信息化服务管理平台建设尚不完善,来华留学社会服务专业人员队伍建设空白,留学生与本土学生管理尚未实现趋同化。留学生社会化服务法律法规建设的滞后将导致留学生非法就业、非法驾驶、非法居留等一系列问题,危害我国的社会公共安全。留学生信息化服务管理平台的不完善不利于提高来华留学生管理效率。来华留学社会服务专业人员队伍建设空白及差异化的管理,将不利于留学生全面了解和融入中国社会。

---

① 李云鹏. 中美两国留学生教育结构之比较 [J]. 高教发展与评估, 2011, 27 (5): 114-117.

第三节 打造国际留学中心的政策走向

《中国教育现代化2035》文件对来华留学工作作出了全面部署，指出，打造国际留学中心，努力将我国建成具有重要国际影响力的全球教育高地，吸引国际优秀学生来华留学，使我国成为世界重要的留学目的地国家。实施"留学中国计划"，发挥政府奖学金作用，改进资助方式和选拔办法，优化留学生就读学科专业结构，提高学历生比重，建立并完善来华留学教育质量保障机制，全面提升来华留学质量。构建来华留学社会化专业服务体系，完善来华留学生勤工助学和优秀毕业生在华工作制度，做好来华留学生校友工作，打造留学中国品牌。从《中国教育现代化2035》出发，结合《国家中长期教育改革和发展规划纲要（2010—2020年）》和《关于做好新时期教育对外开放工作的若干意见》等其他文件和规划精神，针对当前我国来华留学教育所存在的问题，可以分析未来的政策走向是统筹规模、结构、质量和管理，推动来华留学工作全面协调可持续发展，努力打造中国教育品牌，以把我国建设成为具有影响力的国际留学中心。

一、继续扩大来华留学生规模

留学生规模是打造国际留学中心的基础。虽然当前来华留学生数量已经达到前所未有的新高度，在绝对数量上占据了优势，但是留学生人数在高等教育总人数中所占比例依旧很小，出国留学和来华留学赤字严重。因此，继续吸引国际优秀学生，适度扩大来华留学规模仍旧是未来来华留学教育工作的重要任务之一。《中国教育现代化2035》中提出，努力将我国建成具有重要国际影响力的全球教育高地，吸引国际优秀学生来华留学，使我国成为世界重要的留学目的地国家。教育部制定的《留学中国计划》中将扩大规模作为工作方针之一，并对留学生规模作出了具体要求：在发展目标中提出，到2020年，使我国成为亚洲最大的留学目的地国家；在主要任务中提出，到2020年，全年在内地高校及中小学校就读的外国留学人员达到50万人次。吸引国际留学生除提高教育质量本身外，还要加强在国际市场上对我国留学教育的推销和宣传，激发国际学生来华留学兴趣，通过与驻外使（领）馆、孔子学院、孔子课堂合作，开办留学中国说明会、举办展览、发放资料、完善来华留学教育机构外文网站建设等多渠道、多手段、多方式地宣传我国留学生教育，真正地将"留学中国品牌"推向海外。

二、进一步发挥奖学金作用

奖学金在吸引国际学生来华留学中发挥着重要作用。《中国教育现代化2035》提出，实施"留学中国计划"，发挥政府奖学金作用，改进资助方式和选拔办法。同时，进一步发挥奖学金作用，在我国其他一些规划或文件中也都有所提及。《国家中长期教育改革和发展规划纲要（2010—2020年）》强调，增加中国政府奖学金数量，重点资助发展中国家学生。中共中央办公厅、国务院办公厅印发的《关于做好新时期教育对外开放工作的若干意见》强调，扩大中国政府奖学金资助规模，设立"丝绸之路"中国政府奖学金，每年资助一万名沿线国家新生来华学习或研修。教育部《留学中国计划》指出，保证中国政府奖学金的规模稳定增加，逐步推行奖学金各项内容货币化改革。鼓励并支持地方政府、学校、企事业单位以及其他社会组织、自然人设立各类来华留学奖学金。构建政府主导、社会参与、主体多元、形式多样的奖学金体系。

对此，首先我们要增加中国政府奖学金数量，扩大中国政府奖学金资助规模和覆盖率，让更多的留学生受益于奖学金。其次，我国要调节政府奖学金结构，促进来华留学奖学金生源区域和国别的平衡，鼓励招收更多学历教育和高层次留学生，并适当将奖学金政策向重点建设大学、重点学科、重点专业倾斜，提高奖学金使用效率。再次，我国可根据来华留学生生源的不同特色以及国内的实际需求，打造一批面向不同国家及地区的专项奖学金项目，如设立"一带一路"沿线国家奖学金、发展中国家学生来华留学奖学金、非洲国家学生来华留学奖学金等。最后，我国要丰富来华留学生奖学金渠道和类型，未来我们要鼓励地方政府、学校和企业及其他社会组织或个人积极参与到来华留学教育中，形成以政府为主导、社会各界为辅助的形式多元的奖学金体系。

三、优化来华留学结构

留学结构是衡量来华留学教育健康发展的重要指标，主要包括来华留学生源国别结构、学历层次结构以及学科专业结构三大方面。《中国教育现代2035》中指出，优化留学生就读学科专业结构，提高学历生比重。教育部《留学中国计划》中将优化结构作为指导来华留学工作的四项方针之一。与此同时，《国家中长期教育改革和发展规划纲要（2010—2020年）》强调，要优化来华留学人员结构。当前，我国来华留学结构仍有待进一步优化。

从留学生生源结构来看，我国留学生生源国别分布不均衡，发展中国家和周边国家仍是来华留学学历生的主要来源国。2016年亚洲国家生源占据了来华留学生总人数的59.84%，欧洲生源和非洲生源比例分别为16.11%和13.91%，美洲生源为8.60%，大洋洲生源仅为1.54%。① 这说明我国留学生教育还停留在区域阶段，并未进入实质意义的全球教育阶段。因此，未来我国要进一步优化来华留学生生源结构，逐步扩大欧洲、非洲、美洲和大洋洲生源比例。

从留学生教育层次来看，我国在吸引高层次留学生比例上，与其他留学发达国家相比仍有差距。当前来华留学生学历生人数低于非学历生，学历生中研究生比例较低。随着国际社会对高端人才的需求更加迫切，未来加大对高层次人才的吸引尤为必要。

从留学生学科专业结构分布来看，当前来华留学生所学专业主要集中在汉语言和西医专业，在STEM领域的并不多，而STEM专业是吸引国际学生的优势专业，也是推动国家科技创新的基础性专业。因此，未来我国要逐步优化来华留学生学科专业结构，提高除汉语言、中医外其他专业，尤其是STEM专业学生的比例，推动来华留学向高层次高质量发展。

四、提高来华留学教育质量

来华留学教育质量直接关系到我国高等教育国际声誉和影响力，是留学生教育中至关重要的一环，因此必须予以重视。《中国教育现代化2035》中强调，建立并完善来华留学教育质量保障机制，全面提升来华留学质量。《国家中长期教育改革和发展规划（2010—2020年）》纲要中提出，实施来华留学预备教育，增加高等学校外语授课的学科专业，不断提高来华留学教育质量。教育部《留学中国计划》中将"保证质

---

① 根据教育部国际合作与交流司《来华留学简明统计2016》中来华留学生洲际分布数据计算得出。

量"作为来华留学的工作方针之一。

提高来华留学教育质量,首先我们要从源头上把关,确保留学生生源质量。目前,除了北京大学、清华大学等若干所985高校自行开发了系统的外国留学生入学考试外,其他高校基本上只对国外申请者的汉语水平提出基本要求,缺乏统一的国际学生入学标准。一些高校在留学生选拔过程中存在着为达到数量而牺牲质量的现象,将留学生入学门槛设置得过低。这种较为宽松的招生选拔制度会影响到我国留学生教育的国际公信力。虽然我国接收外国留学生的高校数量众多,采用统一的考核标准并不现实,但可以规定一些基本的统一招生条件来规范入学标准。

其次,我国要构建来华留学预备教育体系,为汉语水平或学习能力不足的学生提供衔接性学习的平台,使留学生在语言能力、专业知识和跨文化交际等方面达到我国高等学校专业阶段学习的基本标准,这是当前情况下保障留学生教育质量的有效途径。目前,我国现有的留学生预科教育体系辐射面较小,主要针对本科生,局限于中国政府奖学金留学生。2009年3月颁布的《教育部关于对中国政府奖学金本科来华留学生开展预科教育的通知》规定,由中国政府奖学金资助来华以汉语进行本科教育的留学生均需接受预科教育(具备免修条件者除外)。截至目前,预科教育尚不涵盖留学生中的研究生以及自费生。因此,未来逐步探索涵盖研究生与自费生的完善的预科教育体系是我国来华留学生教育工作的重要任务之一。

再次,高校要科学设置来华留学生教育专业。一方面,各高校要整合自己学校的教育资源,优先发展学校优势专业以及具有中国特色的专业,在国际留学市场中抢占一席之地。另一方面,高校要加强英语学位课程建设。由于汉语不是全球通用语言，加之学习难度较大，很多来华留学生希望所在高校能够开设英语授课专业，以便直接与任课教师沟通，这样有利于提高学习效率。因此，如果将英语授课与中医等中国特色专业相结合，会对国际学生更具吸引力。

最后，推动建立来华留学质量保障体系及机制。《中国教育现代化2035》中提出，建立并完善来华留学教育质量保障机制。可见，构建并完善来华留学质量保障体系及机制势在必行。一方面，国家要构建完善的高校外部质量保障制度体系，完善总领性法规，健全质量标准体系；另一方面，高校自身要建立内部质量保障体系，成立专门的来华留学教育质量保障委员会，负责监督和指导留学生教学和日常管理工作。此外，教育主管部门可以引入第三方认证机制，由专业的认证机构对学校的教学水平和质量进行评价，有效促进留学生教育质量的提升。

五、完善来华留学社会化、专业化服务体系

社会化服务体系是来华留学教育的后勤保障，专业的社会化服务体系可以成为留学生在中国学习的定心丸。《中国教育现代化2035》中提出，构建来华留学社会化、专业化服务体系，完善来华留学生勤工助学和优秀毕业生在华工作制度，做好来华留学生校友工作，打造留学中国品牌。显然，构建和完善来华留学社会化服务体系已成为当前及未来一段时期内来华留学事业发展的重点关注领域。来华留学社会化、专业服务体系涵盖来华留学生社会生活的方方面面，建立完善的来华留学社会化、专业化服务体系，可以从以下几个方面入手。

第一，我国可改进留学生签证政策，简化留学生签证申请程序和步骤，降低签证费用，提高签证审批效率。

第二，高校要加强在校留学生管理和服务机制建设，提高信息化服务水平，开发与维护包括招生管理、课程管理、学分管理、学籍管理、毕业管理在内的信息化系统，实现留学生从入学申请到毕业离校的全流程信息化管理。

第三，考虑到来华留学生的语言水平问题，在设计选课系统、评价系统、图书馆索引系统时增设英语客户端语言，并加强对图书管理人员、后勤工作人员、来华留学管理人员等相关服务人员的英文培训，为留学生创造便捷的学习和生活环境。

第四，高校还要积极推动留学生与我国学生的管理和服务趋同化，促进留学生更好地融入中国社会和文化。

第五，政府、企业和高校要通力合作畅通来华留学生就业和实习渠道。2017年，由人力资源和社会保障部、外交部、教育部共同颁布的《关于允许外籍优秀高校毕业生在华就业有关事项的通知》已经放开了对没有工作经验的优秀外籍高校毕业生在华就业的限制，未来高校可以与企业对接合作，建立留学生实习基地，为优秀留学毕业生创造更多的就业机会。

第六，政府与高校要联手做好来华留学校友工作，设立诸如中国留学生校友会等组织，加强与毕业生的联系。

第五章　开发国际一流教育资源

开发国际一流教育资源是我国教育对外开放的重要组成部分，在实现教育现代化和推进社会经济发展进步方面具有重要意义，《中国教育现代化2035》明确提出要开发国际一流教育资源。推进教育现代化进程必须统筹利用国内外优质教育资源，通过教育对外开放加强对国外优质教育资源的借鉴、吸收和再创新，建设具有中国特色和国际竞争优势的专业、课程、教材、教学模式、管理模式及评价工具等，大力开发国际一流教育资源。开发国际一流教育资源成为我国教育对外开放的重要政策。本章主要探讨国际一流教育资源的内涵和意义，总结开发国际一流教育资源取得的进展和存在的问题，分析开发国际一流教育资源的政策走向。

第一节　国际一流教育资源的内涵和意义

教育资源是开展教育活动必备的物质基础，是教育发展的硬件资源与软件资源的总和。明晰一流教育资源的内涵是判断一流教育资源标准的前提条件，思考一流教育资源的意义方能充分意识到开发一流教育资源的必要性和紧迫性。本节将重点探讨国际一流教育资源的内涵和意义。需要特别指出的是，"国际一流教育资源"的表述在《中国教育现代化2035》中首次出现,此前人们多以优质教育资源为主题开展相关研究。

一、国际一流教育资源的内涵

梳理国际一流教育资源的内涵必须先探讨资源、教育资源的概念,在此基础上提炼总结国际一流教育资源的含义、特征、组成要素,为开发一流教育资源奠定良好的概念基础。

(一)资源与教育资源的含义

在《现代汉语词典》(第7版)中,资源一词的解释为生产资料或生活资料的来源,包括自然资源和社会资源。教育资源是开展教育活动的前提条件和物质保障,也是达成教育目标和实现教育现代化的基础保障。顾明远先生主编的《教育大辞典》中将教育资源定义为教育经济条件,包括教育过程中占用、使用、消耗的人力、物力和财力资源,即教育人力资源、物力资源和财力资源的总和,另外亦指教育的历史经验或有关教育信息资料。[①] 虽然经济价值在教育发展过程中非常重要,但是更不能忽视教育价值,教育是一个影响人身心健康发展的社会实践活动。所以,教育资源的开发应关注教育的历史经验或者信息资料,比如课程资源、教材资源、制度资源等。

(二)国际一流教育资源的含义

谈起优质教育资源,人们总是会想到重点中小学、"985"及"211"重点大学、世界一流大学。王敏丽从广义教育资源的角度将优质的教育资源界定为:"世界范围内具有先进的教育水平、并能保持一定领先优

---

① 顾明远. 教育大辞典 [M]. 增订合编本(上). 上海:上海教育出版社,1998:799.

势的教育人力资源、财力资源和概念资源的综合。"① 陆文红、徐卫从狭义教育资源的视角认为："优质的教育资源包括优质的硬件资源和优质的软件资源。优质的硬件资源包括校园环境、教学设施、办学条件等；优质的软件资源包含学校的管理水平、校园文化的建设、教师的专业发展程度、学生素质教育的情况等，当然还包括学校的地位、声誉、知名度等学校内在品质以及学校的学风、办学理念。"② 林金辉认为国外优质教育资源是指："世界范围内具有较高水平和办学特色，具有一定领先优势的教育教学理念、人才培养模式、课程、教材、教学方式方法、教育管理制度、师资队伍、管理团队和质量保障体系等。在高等教育领域，国外优质教育资源一般表现为有特色的或已有办学经验的学科和专业。"③

所谓"一流"就是指事物的等级和类别，优质教育资源不是一个绝对量化的概念，是相对比较优秀的教育资源。优质、一流都是针对某种事物来讲某一个级别或某一类别。国际一流教育资源指一切能够对教育发展起促进作用的高级的教育资源，主要包括一流的软件资源与一流的硬件资源。

（三）国际一流教育资源的组成要素

开发国际一流教育资源需要理清国际一流教育资源的组成要素。谢维和根据个人认识及国际比较经验提出优质的基础教育资源包括五个方面："第一，学校的文化资源，主要是学校的办学理念、学校的价值观

---

① 王敏丽. 中外合作办学中优质教育资源之内涵［J］. 江苏高教，2007（5）：128-129.
② 陆文红，徐卫. 优质教育资源扩展：防止三种倾向［J］. 现代中小学教育，2007（3）：5-7.
③ 林金辉. 中外合作办学中引进优质教育资源问题研究［J］. 教育研究，2012，33（10）：34-38.

念、学校人员的认同感以及学校所在地区周围区域的信任和支持。第二，学校的制度资源，包括正式规章制度和非正式制度及外部的制度资源。第三，学校的物质资源，包含学校的资源条件及其资源配置方式。第四，优质的教师资源，主要包括教师的职业精神和专业能力、教师自身的科学研究能力、教师的合作能力与团队精神。第五，学校的特色资源。"[1] 程敬宝、王伟认为："优质教育资源从构成成分上来讲，包括优质的物质资源、课程资源、精神资源、人力资源、制度资源等；从构成形态来讲，包括物质形态的资产、设施、设备，精神形态的思想、文化、传统，物化状态的体制、机制、课程，还有复合形态的特色经验、思路、方式，人格形态的师资、生源、校长和管理者等。"[2] 结合优质教育资源与一流教育的概念及上述情况，国际一流的教育资源组成因素主要包括一流的教师资源、一流的环境资源、一流的学科专业。

1. 一流的教师资源

人在整个教育资源中是最具有活力的部分，一流的教师资源在教育过程中发挥着十分重要的作用。2018年，《中共中央国务院关于全面深化新时代教师队伍建设改革的意见》明确提出，将教师作为教育发展的第一教育资源。[3] 教师作为第一教育资源是教育内涵式发展的必然要求，是新时代中国特色社会主义教育发展的关键。在学生接受学校教育的过程中，学生接触最多的人就是教师。教师对学生的发展具有不可替代的作用，教师不仅教会学生知识，更重要的是影响着学生价值观的形成，进而影响学生人生道路的选择。正所谓，师者，传道、授业、解惑也。

---

[1] 谢维和. 论优质教育资源的涵义与建设 [J]. 人民教育，2002（11）：24-26.
[2] 程敬宝，王伟. 优质教育资源：价值与功效 [J]. 教育研究与实验，2010（1）：56-58.
[3] 谢维和. 双一流建设离不开教师这个"第一资源" [N]. 光明日报，2018-02-17（3）.

作为一流的教师需要具备过硬的教学能力、科学研究能力、正确的师生观以及良好的职业道德。

2. 一流的环境资源

环境是人身心发展的外部客观条件，对人的发展起着一定的制约作用。一流的环境资源主要包括国际化的教学科研环境、充足的经费投入、教学模式的国际化、管理模式的国际化、评价工具的国际化以及坚实的质量保障体系。国际化的教学科研环境是教师业务能力提高的必要保障条件，教师在这样的环境中能够将科研与教学更加密切地结合起来，教学与科研相互促进，有利于一流教师资源的积累。充足的经费投入主要包括对一流教育资源的投入力度，比如，对一流大学、一流专业的财政投入，还包括学校中的教学设备、师生比例等具体方面。教学模式的国际化会直接影响学生的学习效果与个人发展，一个与国际接轨的教学模式更有利于培养国际化的一流人才。管理模式的国际化会对整个学校乃至教育的发展发生不可替代的影响，管理目标会影响教师的工作重点，管理模式、评价工具都具有导向性的作用。一个坚实的质量保障体系是开发国际一流教育资源的生命线，教育的内涵式发展亟须提高教育质量。

3. 一流的学科专业

2017年12月，教育部公布一流大学与一流学科建设名单，这标志着我国在学科专业建设的路途上迈进了一大步。在之前，"211""985"重点高校的建设是以学校为单位的，"双一流"建设将一流学科专业作为极为重要的参照物。一流的知识体系、一流的学术能力、一流的课程及一流的教材是构成一流学科专业的四个主要因素。一流的学科专业需要有强大的知识再生产创造能力，而不是仅负责知识的传递。一流的学术能力是一流学科专业建设的内在动力，不断进行教学科研与学术研究才能够不断地拓展知识的边界，累积自身的学术资本。一流的课程与教材在学科专业人才培养、知识传递方面发挥着基本作用。总之，一流的学科专业内部四个主要因素是相互促进，相辅相成的。

二、国际一流教育资源的意义

党的十九大指出，中国特色社会主义的发展已经进入新时代，我国社会主要矛盾已经转化为人民日益增长的美好生活需要和不平衡不充分的发展之间的矛盾。教育发展同样面临不平衡、不充分的矛盾。开发国际一流教育资源是满足广大人民群众日益增长的教育需求的必然要求。国际一流教育资源的开发，对于实现教育公平、提升教育质量、满足人民的教育需求、提高我国教育的全球影响力和全球竞争力具有重要意义。

（一）有利于实现教育公平

教育公平是国家对教育资源进行合理配置所遵守的合理性规范或者原则。然而，在现实的教育发展过程中，由于国际一流教育资源的有限性及形成的长期性，并不能让每个人都享受到一流的教育资源。很多地区、学校、教师以及学生由于一流教育资源的缺乏无法取得更好的发展，这不利于教育公平的实现。

首先，国际一流教育资源有利于教师学生的个人发展。一流的科学研究资料会使得教师开展科学研究工作更加便捷，也会从侧面激励教师对科学研究的兴趣。一流的图书馆资源能为学生提供一个良好的学习环境，使学生沉浸在知识的海洋，为后续良好发展奠定一个深厚的基础。此外，国际一流教育资源不单指图书馆、信息、资料等硬件资源，还有办学理念、管理模式、校园文化等软件资源，这些资源从管理的高度都会为教师和学生的发展提供一个积极向上、安全舒适的校园环境，便于教师、学生享受教育便利。其次，国际一流教育资源有利于促进学校的良好发展。在我国中西部地区，很多中小学缺乏教师，所有年级的学生由同一个老师教授所有的学科的情况还是存在的。这些学校往往校舍简陋、教学设备落后、教育质量差。引进国际一流教育资源有利于促进薄弱学校的发展，缩小薄弱学校与重点学校的差距，有利于实现教育公平。最后，国际一流教育资源有助于促进教育资源的优化配置，推进教育资源在区域中的统筹发展。国际一流教育资源的开发会对教育资源的内部产生一定的冲击力，促进教育资源内部的优化与调整。一流教育资源并不是仅针对一些重点校而开发的，而是要达到效率与公平的统一，优化配置教育资源，实现教育公平。

（二）有利于提升教育质量

《国家中长期教育改革和发展规划纲要（2010—2020年）》指出，要把质量作为教育改革的核心任务，体现了国家高度重视教育质量的提升。质量与数量是事物发展过程中的两个方面。开发一流教育资源应从提升教育质量入手，以实现教育公平与效益的统一为原则，以提升我国教育竞争力为核心，以合理配置教育资源为主要方式，以引进国际一流教育资源为手段，以统筹城乡区域教育协调发展为目标，以促进个人发展为落脚点。在教育发展过程中，教育质量与国际一流教育资源也是息息相关的。在某种程度上，一流教育资源的开发会对一个学校的教育质量起决定性作用，是教育质量提升的前提条件。

（三）有利于满足人民群众的教育需求

教育是培养人的社会实践活动，对个人的发展起着至关重要的作用。教育会使人获得知识，获得更好的工作机会，使得个人发展路径纵向提升。如今，上学已经不再是家长的唯一追求，上优质小学、中学，"211"大学、"985"大学、"双一流"大学成为学生受教育的目标。"学区房"在近几年成为一个教育热词，很多学校实行划分区域入学的制度，部分家长为了能够使孩子进入重点学校读书，以天价购买学区房。可见一流的教育资源是供不应求的。为了保障每个人受教育的权利，开发一流的国际教育资源是满足广大人民群众教育需求的重要途径。

（四）有利于提高我国教育的全球影响力和全球竞争力

教育对外开放是我国的一项基本国策。中国要全面加强与世界各国和国际组织的务实合作，不断丰富开放内涵，提高开放水平和国际影响力，为构建人类命运共同体作出重要贡献。一方面，开发国际一流教育资源有利于提升国际交流合作水平：完善学校、师生与国外双向交流合作机制，鼓励更多学校与优质学校建立伙伴关系；多渠道吸引优秀人才；推进教育政策和标准互通、教育资源互通互联，加强与联合国教科文组织等国际组织和多边组织的合作，增进次区域教育交流合作。另一方面，开发国际一流教育资源有利于提升我国教育的全球影响力：统筹利用国内国外优质教育资源，建设具有中国特色和国际竞争优势的专业、课程、教材、教学模式、管理模式、评价工具，并积极对外推介，建设中国特色国际课程推广平台；培育国际知名的学术期刊和评价机构，不断提升我国学术和学科评价的全球影响力。

第二节　国际一流教育资源开发取得的进展与存在的问题

国际一流教育资源的开发有利于促进我国教育事业的内涵式发展，提升我国教育竞争力。改革开放以来，我国在国际一流教育资源开发方面取得了长足进展，与国外知名高校进行合作办学，引进大批一流的外籍教师，借助信息化平台引进一流课程资源等。同时，在开发国际一流教育资源的过程中，也面临着质量参差不齐、监管不力、利用率低等问题。本节将探讨国际一流教育资源开发取得的进展与存在的问题。

一、国际一流教育资源开发取得的进展

国际一流教育资源是相对动态的教育形式，是教育发展永恒的追求。在开发国际一流教育资源的过程中，各级各类教育都取得了很大的进展，具体表现为集团化办学、重点高校建设、课程教材建设、卓越人才培养等。

（一）推进集团化办学，扩大名校辐射作用

集团化办学的主要做法是通过集群式办学的办学机制来加大优质教育资源的辐射范围与力度。《关于深化教育体制机制改革的意见》指出，加快义务教育学校标准化建设，加强教师资源的统筹安排，实现县域优质资源共享。改进管理模式，试行学区化管理，探索集团化办学，采取委托管理、强校带弱校、学校联盟、九年一贯制等灵活多样的办学形式。目前，我国集团化办学主要有三种模式。第一，补差模式以行政权力为主导，以"补短板"为主要行动逻辑，旨在通过查找差距，对由于政治、经济资源不对等导致教育资源分配不均衡状况进行补偿。第二，嫁

接模式以权威为主导，以"优化结构"为主要行动逻辑，旨在通过学校结构调整实现教育集团化办学的规模效应，平摊改革风险，获得学校各组织自身发展，集团内各学校共存共荣，集团外其他学校或其他集团不能参与其中。第三，共生模式以协同作用为动力，以"自组织"为主要行动逻辑，是以每所学校自律为前提，旨在促进不同地区、每所学校、每位学生的成长。① 由资源、结构转向自组织，体现了集团化办学模式不断优化与创新。集团化办学在一定程度上可以减少政府的财政支出，集中优质教育资源，实现资源共享、互惠互利，共同促进基础教育良好发展。

（二）引进国外优质教育资源，加强吸收借鉴与融合

中外合作办学是引进国外优质教育资源的一种典型形式，旨在通过利用国外优质的教育资源，促进我国教育的内涵式发展。我国自20世纪80年代中期出现中外合作办学项目，经历探索起步、快速发展，目前已经进入稳定发展时期。截至2019年8月，全国本科及以上中外合作办学项目已有1 032个，其中，本科项目832个，占绝大多数；研究生项目200个。目前，中外合作办学已由规模扩大转向内涵建设，并已取得显著成效。

在此方面，国家出台了一系列政策措施，强化中外合作办学的监管力度。根据2003年起施行的《中华人民共和国中外合作办学条例》及其实施办法的有关规定，中外合作办学是我国教育事业的组成部分，其核心是引进国外优质教育资源。2013年12月18日，教育部下发了《教育部关于进一步加强高等学校中外合作办学质量保障工作的意

---

① 孟繁华，张蕾，佘勇. 试论我国基础教育集团化办学的三大模式 [J]. 教育研究，2016，37（10）：40-45.

见》，提出了加强全面统筹、优化布局结构、完善优质教育资源引进机制、规范办学过程管理、完善质量评价体系、加强质量监管和行业自律等。① 2019年3月，教育部发布了《关于批准2018年下半年中外合作办学项目的通知》，指出各省、自治区、直辖市教育厅指导依法依规办学，切实引进外方优质教育资源，推动高等教育综合改革取得实效。实践证明，中外合作办学在维护我国教育主权、丰富我国教育供给、创新人才培养模式、推动国际化人才培养、推进高等学校教育教学改革及国际化建设等方面发挥了独特而有效的作用。

（三）加快重点高校建设，提高高等教育质量

为深化教育教学改革，提高高等教育质量，1995年，国家正式启动"211工程"，即面向21世纪、重点建设100所左右的高等学校和一批重点学科的建设工程，最初任务是重点学科建设与高等教育公共服务系统建设。经过数十年的建设，"211工程"已经取得了显著成就，极大地提高了我国教育的国际影响力。"211工程"学校已成为我国高等教育开展国际合作与交流的主渠道，并且交流合作向更深层次发展。2005年，美国加州大学与我国北京大学等10所学校签署了"交流合作备忘录"，旨在加强中美高校间的科技合作，探索高层次人才的培养新模式，并探索建立高校和政府、工业界、社区组织合作的机制。②

1999年，国务院批转教育部《面向21世纪教育振兴行动计划》，"985工程"正式启动建设。2015年，国务院发布《统筹推进世界一流大学和一流学科建设总体方案》，"双一流"建设正式启动。2017年12月，教育部公布一流大学与一流学科建设名单，其中，一流大学共

---

① 林金辉. 中外合作办学发展报告（2010—2015）[M]. 厦门：厦门大学出版社，2016：5.
② 李玉兰. "211工程"：让世界认可中国大学[N] 光明日报，2008-03-26（5）.

42所，包括A类36所，B类6所，一流学科建设高校共95所。一流大学名单囊括了"985工程"大学，主要依据的是ESI（Essential Science Indicators）大学综合排名和第四轮学科评估的结果。一流学科则不仅包括一大批接近或达到世界先进水平的学科，同时亦包括具有中国特色的学科、关系国家安全和重大利益的学科以及一批国家急需、支撑产业转型升级和区域发展的学科。

2006年，教育部、财政部落实《国务院关于大力发展职业教育的决定》精神，启动实施了"国家示范性高等职业院校建设计划"，坚持导向性、协调性、效益性的原则，中央引导、地方为主、行业企业参与、院校具体实施，遴选100所高职院校进行重点建设。经各地推荐，教育部、财政部联合组织专家评审，2010年共确定北京信息职业技术学院等100所高等职业院校为"国家示范性高等职业院校建设计划"骨干高职院校立项建设单位，分三批开展项目建设工作。

（四）改革人才培养模式，提高人才培养质量

为进一步提高高校人才培养质量、全面振兴本科教育，教育部实施"六卓越一拔尖"计划，全面推进新工科、新医科、新农科、新文科建设。所谓"六卓越一拔尖"是指卓越工程师、卓越医生、卓越农林人才、卓越教师、卓越法治人才、卓越新闻传播人才和基础学科拔尖学生培养计划。截至目前，卓越工程师培养计划已有1 257个本科专业点、514个研究生层次学科点参与实施，覆盖学生约26万人；66所高校建设了卓越法律人才教育培养基地，覆盖学生9.5万余人，1 146名法律实务专家和1 069名高校教师入选高等学校与法律实务部门人员互聘"双千计划"；卓越新闻传播人才培养计划覆盖全部299所开设新闻学专业的高校；卓越医生培养计划参与高校达129所，每年惠及7万余名学生；

累计有99所高校参与了卓越农林人才培养计划，每年惠及约4万名学生；卓越教师培养计划参与高校达64所，设立改革项目86个。

(五) 聘任优秀外籍教师，打造优秀教师队伍

一流的外籍教师资源是一流的教师队伍的重要组成部分。聘任外籍教师主要在高等教育阶段，有关统计显示，我国普通高校2018年共聘请外籍教师18 428人，其中具有博士学位的为9 869人，具有硕士学位的为4 673人，具有本科学历的为3 819人，专科及以下学历的为67人。由此可见，我国普通高校外籍教师中的高学历占比较高，在一定程度上反映了我国外籍教师队伍整体上具有较高的专业知识水平。

2006年8月，教育部、国家外国专家局印发《高等学校创新引智基地管理办法》，启动实施"高等学校学科创新引智计划"（又称"111计划"）。"111计划"旨在通过成建制引进海外高层次人才与我国高等学校合作开展研究，建设一批世界一流的学科创新基地。2010年7月颁布实施的《国家中长期教育改革和发展规划纲要（2010—2020年）》明确提出，吸引更多世界一流的专家学者来华从事教学、科研和管理工作，有计划地引进海外高端人才和学术团队。引进境外优秀教材，提高高等学校聘任外籍教师的比例，进一步明确了教育领域外国专家与外籍教师引进的工作方向。2011年8月，国家有关部门发布《"千人计划"高层次外国专家项目实施细则》，启动实施"外专千人计划"，专门引进非华裔高层次外国专家。2013年10月，教育部、国家外国专家局发布《高校国际化示范学院推进计划实施细则》，启动"高校国际化示范学院推进计划"。该政策是外国专家与外籍教师队伍建设方面的创新性举措。实践证明，外国专家与外籍教师在服务于高校人才培养、学科建设、国际科研合作、教育国际化以及推进中外人文交流、增进我国与世界人民

的了解与友谊等方面发挥了独特而重要的作用。

（六）打造国际一流学术期刊，提高我国学术影响力

学术期刊是促进学术发展及学术交流的重要载体，开发国际一流教育资源需要加快推进国际一流学术期刊的建设。2003年，教育部印发《教育部高校哲学社会科学名刊工程实施方案》，通过国家（包括新闻出版总署、教育部和主办单位）的支持和学报的改革，在5年时间内滚动推出20家左右能反映我国高校学术水平和学科特点、在国内外有较大影响的社科学报及其特色栏目，其中，培育出5—10种国内一流、国际知名的社科学报。《北京大学学报（哲学社会科学版）》《北京师范大学学报（社会科学版）》《文史哲》等11家刊物入选首批名刊。2012年，《国家社科基金学术期刊资助管理办法（暂行）》颁布，通过有重点、持续性的资助，促进我国学术期刊改善办刊条件，提高办刊质量，扩大学术传播力和社会影响力。

二、国际一流教育资源开发存在的问题

教育资源尤其是国际一流教育资源是有限的，如何将有限的一流教育资源实现最大化利用是开发国际一流教育资源主要面对的问题。

（一）国外优质教育资源的引进、融合与创新效果有待加强

引进国外优质教育资源的目的是促进我国教育的良好发展。本着取长补短、以我为主、为我所用的原则，国外优质教育资源的引进不仅是经验的照搬，更应是结合本国教育发展情况，因地制宜地发展教育。中外合作办学是我国引进国外优质教育资源的主要途径之一。然而当前，中外合作办学面临着国外优质教育资源的引进、融合与创新效果有待加强的问题，主要表现在三个方面：一是部分学校将中外合作办学视为创

收的重要手段，盲目扩大中外合作办学项目的数量，而并没有实质性地引进国外优质教育资源；二是部分学校盲目引进国外教育资源，而不注重认真研究分析国外教育资源是否优质，是否能真正带动提高本专业的人才培养质量；三是部分学校只是注重国外优质教育资源的引进，而忽视了国外优质教育资源与我教育资源的融合与创新，未能充分发挥国外优质教育资源在人才培养、学科专业建设、科学研究等方面的辐射作用。

（二）师资队伍国际化建设水平有待提高

师资队伍的国际化水平是一流教育资源的重要衡量指标。一方面，外籍教师人数所占比例不高，结构有待优化。近年来，我国高校聘请的外籍教师数量逐步增加，但与世界一流大学相比，我国高校外籍教师的比例略显偏低。另外，我国高校的外籍教师以语言类教师为主，专业类教师比例低。同时，我国高校外籍教师大多来自欧美发达国家和地区，来自"一带一路"沿线国家和区域的数量偏少，不利于与"一带一路"沿线国家开展教育交流合作。另一方面，我国具有一年以上的长期海外留学经历的教师比例低。我国中小学教师中有海外留学经历的较少，海外研修比例不高。高等教育阶段具有海外留学经历的教师虽然近些年在数量上有所增长，但是总体比例依然不高。具有长期海外经历的教师是国际一流教育资源开发的主力军，其比例低不利于国际一流教育资源的开发与打造。

（三）具备国际竞争优势的学科专业数量不足

在2019年QS世界大学学科专业排名中，中国高校共402个学科专业进入世界百强，北京大学有28个学科专业位列世界前50，清华大学拥有22个世界前50的学科专业。特别是清华大学的土木工程，更位列全球第9名。北京大学、清华大学在世界大学学科专业排名中占有十分重要的地位，大部分学科专业来自这两所高校。与美国、英国等国家相比，总体上中国高校具备国际竞争优势的学科专业数量依然不多。

（四）国际知名的学术期刊和评价机构数量少

自2012年开始，中国学术期刊协会根据当年的《中国学术期刊国际引证年报》和专家会议，遴选发布当年的"中国最具国际影响力学术期刊"名单，主要分为自然科学与工程技术、哲学与人文社会科学两个板块。2015年，评选出的中国最具国际影响力学术期刊名单中，有175种自然科学与工程技术领域的期刊、34种哲学与人文社会科学领域的期刊，参评对象为中国出版的4 052种科技学术期刊和2 254种哲学与人文社会科学期刊。相比2012年，自然科学与工程技术领域"中国最具国际影响力学术期刊"的数量减少了一个，哲学与人文社会科学领域未发生数量变化。从比例上来讲，自然科学与工程技术、哲学与人文社会科学领域知名学术期刊比例分别为0.43%、0.15%，国际知名学术期刊数量较少。另外，我国在世界上具有影响力的学术和学科评价机构数量偏少，不利于我国国际学术和学科话语权的提升。

第三节　开发国际一流教育资源的政策走向

国家对国际一流教育资源的开发进行调控和干预，一般是通过相关的政策与法规来实现的。国家的教育政策法规具有引导、调控、支持和保障实施的作用。《中国教育现代化2035》指出，统筹利用国内外优质资源，加强对国外优质教育资源的借鉴、吸收和再创新，建设具有中国特色和国际竞争优势的专业、课程、教材、教学模式、管理模式、评价工具，并积极对外推介。建设中国特色国际课程推广平台。积极培育国际知名的学术期刊和评价机构，不断提升我国学术和学科评价的全球影响力。结合《国家中长期教育改革和发展规划纲要（2010—2020年）》《加快推进教育现代化实施方案（2018—2022年）》等文件的精神，本节将分析开发国际一流教育资源的政策走向。

一、完善教育资源，引入审批程序

教育质量是教育发展最核心的部分之一，国际一流教育资源的开发必须坚持质量先行。一方面，加强资质认证，建立国外高校资质信息查询平台。跨国教育机构良莠不齐，严格限制外国三流大学来中国办学。通过审批制和许可证制度对外方院校的办学条件和水平进行审核，以确保其质量。同时，建立世界范围内联合的高校资质信息查询平台，便于国家审批和个人选择。另一方面，建立外籍教师资格认证制度。目前，国家对于外籍教师引进规定了学历及工作年限。但是，其能力评价、培训、监管环节并没有具体的措施，导致资质审查形同虚设，外籍教师水平不一。为此，要加快建设针对外籍教师引入的资格认证制度。

二、建设一流的师资队伍

建设一流的师资队伍既要注重引进国外一流的教师、专家资源，又要吸引海外优秀的人才回国发展，同时也要积极推进我国教师的国际化与专业化发展。第一，在引进外籍教师时，要注重审核外籍教师的职业道德、学术能力、教学能力及个人发展贡献，对外籍一流教师和国内一流教师要实行统一化管理，对于不认真履行职责、个人品质有问题的外籍教师应该立刻查明情况，情节严重者直接取消职位。建立外籍教师管理平台，及时记录相关发展情况，方便统一管理。第二，建立海外留学人才归国就业平台，完善就业体制机制。注重政策引导，对于特别优秀的人才，适当提高薪资待遇。要全面了解海外留学人才的发展需求，结合国内经济、教育及社会发展的需求，建立吸引一流人才的制度措施，同时要注重对海外留学人才质量的把控，包括能力、态度、个人动机、发展需求等。第三，提高我国教师的专业能力与国际化水平。《中国教育现代化2035》提出，高素质、专业化、创新型教师队伍是加快教育现代化的关键。教师的专业能力提升主要包括立德树人教育理念的建立、过硬的专业知识与专业能力、良好的道德素质以及先进的教育教学理念与方法。国际化水平的提高依赖教师形成良好的国际视野，具备先进的国际化教育理念与教学科研水平。

三、打造一流的学科专业

建设世界一流水平的高等教育，必须加强重点学科的建设，打造一流的特色专业。以重点学科建设为基础，鼓励学校优势学科面向世界，支持优势学科参与和设立国际学术合作组织、国际科学计划，支持它们与境外高水平教育、科研机构建立联合研发基地。高校要深入实施"六卓越一拔尖"计划，加强新工科建设，加强文科、医学、农林教育创新发展，加强基础学科拔尖创新人才培养，实施一流专业建设"双万计划"，引领支撑高水平本科教育。教育主管部门要引导学校根据社会发展的需求，及时调整学科专业与类型，对于不适应社会发展的专业及时调整招生指标，并且根据社会发展的新变化适时调整专业教学内容。

四、打造国际知名的学术期刊和评价机构

学术期刊是学术成果展示的平台。打造国际知名的学术期刊，有助于促进学术成果质量的提升，提升我国的学术国际影响力。学术期刊主办单位要坚持党的教育方针和出版方针，坚持以社会主义核心价值观为引领，坚持把社会效益放在首位，实现社会效益与经济效益相统一；要精心做好主题规划，研究解决国家或地区经济社会发展中具有全局性、前瞻性、战略性的重大问题，多出具有原创性和创新性的重大成果，服务社会的发展；要坚持改革创新，树立开放式的办刊理念，形成切实可行的办刊机制，建立科学高效的管理体制和运行机制，增强刊物的活力和竞争力；要加强期刊网络平台的开发与建设，更好地展示科研成果与开展学术交流。

学术评价对于学术的发展发挥着重要的引领作用，对大学科研教学水平、学校形象等方面都有重要影响。目前，影响力比较大的学术排名分别是软科世界大学学术排名（Academic Ranking of World Universities，简称 ARWU）、英国 QS 世界大学排名（QS World University Rankings）、美国新闻周刊世界大学排名（US News Best Global Universities）等。他们大多采用国际可比的客观指标和第三方数据，包括获诺贝尔奖校友和教师数、高被引科学家数、在《nature》和《Science》上发表的论文

数、被科学引文索引（SCIE）和社会科学引文索引（SSCI）收录的论文数等方面。在指标方面，中国应当以适应本土教育发展为目的，创新学术评价指标，建立一个普遍适应中国大学发展的学术评价体系。

五、推动具有中国特色和国际竞争优势的教育资源"走出去"

一方面，建设中国特色国际课程推广平台。课程与教材是教育资源的核心部分之一，打造一流的课程与教材，才能开发并利用国际一流的教育资源。教育发展要充分发挥信息技术对教育的革命性影响，建设优秀课程共享平台；要加快构建线上线下混合式学习、课内课外各学科互相融通的学习新生态。学校要开展好课引领行动，推广优质课程、示范性课例。政府要完善国家数字教育资源公共服务体系，优化资源共享、教学支持等"平台＋教育"服务模式，推动多方参与开发，实现优质资源共享。另一方面，开展境外办学活动。各学校要加强与世界一流高等学校与科研院所的深度合作，加大高端特色留学合作的力度，培养高水平拔尖创新人才；要与世界多国家和地区签署学历学位互认协议，提高我国学历学位全球认可度，建立国际科教合作交流平台；要积极创新方式，借助国际组织平台向世界推广介绍中国教育理念和经验。

六、推动现代大学制度改革

学习国外先进的学校管理模式，推行现代大学制度改革试点。高校要研究制定党委领导下的校长负责制实施意见；制定和完善学校章程，探索学校理事会或董事会、学术委员会发挥积极作用的机制；全面实行聘任制度和岗位管理制度；实行新进人员公开招聘制度；探索协议工资制等灵活多样的分配办法；建立多种形式的专职科研队伍，推进管理人员职员制；完善校务公开制度。教育主管部门要持续推进深化办学体制改革试点，探索公办学校联合办学、中外合作办学、委托管理等改革实验。

七、创新教育教学模式

适应国际社会发展的需求，创新教育教学模式，主要包括探究性学习、服务性学习、教师与学生交流等方面。探究性学习是为了培养学生批判性思维能力、口头表达能力、合作学习能力以及解决复杂的现实问题的能力，其步骤是首先将学生划分小组，提供需要研究和讨论的新问题，之后小组协作解决问题，然后进行活动汇报，最后针对该问题及汇报内容进行反思教育。服务性学习是培养学生实践探索能力的一种新模式，是为满足社区发展及学生课程学习的需要，学生通过精心组织的服务进行学习并获得发展的一种方法，有利于培养学生的社会责任感。教师与学生，可以通过书院制、导师制等制度加强交流，使学生获得知识与能力的增长。

第六章　完善中外人文交流全球布局

　　党的十八大以来，中国教育在国家对外开放的大局中，寻找新定位、展现新作为，形成了全方位、多层次、宽领域的对外开放新局面。在这一进程中，持续、深入完善中外人文交流全球布局越来越受到国家的重视。中共中央办公厅、国务院办公厅印发的《中国教育现代化2035》明确指出，要继续扩大和深化中外人文交流。而中共中央办公厅、国务院办公厅印发的《关于做好新时期教育对外开放工作的若干意见》也指出，坚持扩大开放，做强中国教育，推进人文交流，不断提升我国教育质量、国家软实力和国际影响力。中共中央办公厅、国务院办公厅印发的《关于加强和改进中外人文交流工作的若干意见》也强调，中外人文交流是党和国家对外工作的重要组成部分，是夯实中外关系社会民意基础、提高我国对外开放水平的重要途径。党的十八大以来，以习近平同志为核心的党中央高度重视人文交流工作，中外人文交流事业蓬勃发展，谱写了新的宏伟篇章，为我国对外开放事业的推进作出了重要贡献，有力推动了全球范围内的人文交流与文明互鉴。因此，积极完善中外人文交流的全球布局，是国家改革发展和对外战略的重要基础，理应得到我们的充分关注及深入探讨。

第一节　中外人文交流的内涵和意义

积极推进中外人文交流事业的深度发展，首先需要厘清和明晰中外人文交流的内涵与意义，即在解决中外人文交流是什么问题的基础上，探讨中外人文交流具有何种意义的问题。

一、中外人文交流的内涵

关于人文交流的内涵，我们首先需要立足于对其深厚历史文化内涵的发掘。事实上，所谓人文，最早出现在《易经》中贲卦的彖辞："刚柔交错，天文也。文明以止，人文也。观乎天文以察时变；观乎人文以化成天下。"宋代程颐《伊川易传》卷二对此进行了分析，指出："天文，天之理也；人文，人之道也。天文，谓日月星辰之错列，寒暑阴阳之代变，观其运行，以察四时之速改也。人文，人理之伦序，观人文以教化天下，天下成其礼俗，乃圣人用贲之道也。"显然，在中国传统文化中，人文指的是人的各种本质规定性，尤其是伦理纲常等。而由于近代以来受西方文化的影响，对人文也有了更为广义的解释。如《辞海》关于人文的界定为："人文指人类社会的各种文化现象。"由此，从广义上说，相较于自然界的万事万物，人文便是指人类自己创造出来的文化。从这个意义上来说，人文交流便是人类文化层面的全方位交互流动，它是人类构筑价值认同、政治信任等关系的基石，其具体包含教育、旅游等诸层面。人文交流是人类沟通情感和心灵的桥梁，是不同国家和地区之间加深理解和信任的纽带，是不同文明之间加强对话和交流的渠道。[①] 基

[①] 刘宝存. "一带一路"中教育的使命与行动策略[J]. 神州学人，2015（10）：4-7.

于此，所谓中外人文交流，指的是中国与其他国家、国际组织等之间进行的教育、科学、文化、体育等全方位、多层次的人文交流。总体而言，具有以下特点。

首先，多元的实践主体。为做好新时期对外工作，中外人文交流实践秉持的应是全社会广泛参与的原则。也就是说，中央与地方、政府与社会、国际与国内的全面参与是必不可少的，各地方、各部门、各类组织和群体在中外人文交流中的潜力和资源必须得到全面、深入的发掘。与此同时，海外华侨华人、留学人员、志愿者以及在海外投资的中资企业也应参与到人文交流过程中去，将人文交流寓于中外民众日常交往中，具体涉及政府层面相互交流的机构、民间组织的交往团体、推动留学生互换的教育机构、高层次学者组成的学术团体、宗教间互动的组织、成立的各种基金会、合作的企业、具体个人等多种交流主体。正是在诸多主体的充分互动、推进下，中外人文交流工作才能得到持续贯彻，也才能将中国的文化理念、行为方式、思想观念、技术等进行全方位、多层次的传播。总的来说，尽管主体多元，影响力、交流层次等不尽相同，但无论是政府组织的还是民间自发组织推进的人文交流实践，都是新时期对外工作全面推进、持续发展的重要驱动力。

其次，丰富的构成内容。中外人文交流不是空洞的形式，而必须有具体的内容支撑，也就是说，中外人文交流必须落实于具体、真实的实践情境。但显而易见的是，因为中外人文交流本身所涉及内容的广泛性、多维性等原因，其往往呈现出异常复杂的形态。具体而言，在坚持"走出去"和"引进来"双向发力的过程中，在符合双方人民群众需求的、符合双方法律法规、符合双方民俗民规、符合有利于双方的大前提下，中外人文交流实践中的"走出去"方面，重点往往在于汉语言、中医药、武术、美食、节日民俗以及其他非物质文化遗产等代表性项目。与此同时，在"引进来"方面，中外人文交流则往往涉及中外留学与合作办学，高校和科研机构国际协同创新，文物、美术和音乐展演，大型体育赛事举办和重点体育项目发展等方面的合作。由此观之，就中外人文交流的构成内容而言，其往往涉及众多领域，和社会生活中的方方面面都有关联，和全社会众多个体或群体的切身利益都有联系。而面对中外人文交流的复杂构成，我们应采取重点突出、层次鲜明、灵活多样的策略，切不能以一种一刀切的方式，无差别地对待中外人文交流实践中的不同问题。

最后，影响的持久弥散。总体而言，当前世界上各地区或主权国家往往拥有自身独特的文化观念、风俗习惯、政治体制、经济发展模式、宗教信仰等，只有在具体而细微的、尊重各自差异的人文交流实践中，才能逐渐建立起相互帮助和相互扶持的关系，促进彼此间的理解和信任。但我们也要充分意识到，人文交流最终要落实到的心灵层面的相互沟通、理解、认同等，不可能在短时间内取得巨大且可见的成效。正是在此意义上，新时期中外人文交流只有认真细致地、稳扎稳打地一步一步推进，如此人文交流才能在彼此人民心中留下良好印象，才能巩固交流成果，才能使国家层面的交往顺利而持久，为新时期对外工作的持续发展奠定坚实的民意基础和社会根基。若是急于求成，难免会出现难以有效"化"心、事倍功半等问题，影响新时期中外人文交流实践的持久性、有效性等。正是在此意义上，在具体推进新时期中外人文交流工作时，我们必须更加明确地认识到，此事业是一个影响持久的事业，正如罗马不是一日建成的，此事业也不可能一朝一夕取得可测量、可观察的具体效果，但另一方面，若其真正产生效果，其效果也必将持久弥散，影响广泛而深远。

二、中外人文交流的意义

整体推进新时期的中外人文交流工作，其积极意义是显而易见的，体现于政治、经济等方面。

首先，中外人文交流可以促进政治互信。互信是人们在复杂的社会环境中产生牢固关系的基本条件。政治互信是国家间构建长期稳定合作关系的重要条件，它主要指一国政府和公众对另一国政治体制、发展道路、价值观念及政策取向有基本的理解和明显的认同。信任关系的建立需要有关行为主体在多方面作出长期努力。当然，人文交流不能必然得到政治互信的建立，但因其内容丰富多彩、形式灵活多样，所以对拉近不同对象距离、增进相互理解所发挥的作用是难以替代的。尤其是在我国已经成为世界第二大经济体，广泛参与世界和地区事务的情况下，一些国际势力将中国和平发展歪曲和渲染为中国崛起威胁论。面对可能出现的觊觎和遏制，我国在加强自身实力的同时，更应积极地将国家安全和国际社会安全相结合，重视"多边安全""合作安全"和"共同安全"。而在推动多边交往、国际合作的进程中，人文交流具有积极、温和、持久的效用，如传播中国声音，让世界各国人民了解乃至认同中国的政治观念等，而这无疑可成为推动国际政治互信建立与发展的重要力量。

其次，中外人文交流可以推动经贸合作。当前，经济全球化在曲折中发展，区域经济一体化在更深层次推进。在这样的背景下，以中外人文交流为依托，助力国际经贸合作的发展，无疑应得到全面重视。"丝绸之路"是世界上最早开通的连接亚、欧、非三洲的经济大动脉，靠着"丝路通西域、海舶达天方"的交流通道，中国同其他国家进行着积极、畅通的经贸交流。可以说，无论从中国还是世界历史发展的角度观之，正是由于中华文化的博大精深、中华民族的博大胸怀等，中外人文交流才能古已有之并持续繁盛，进而保障了以丝绸之路为代表的国际经贸合作机制得以存续与发展。尤其在当今"历史向世界历史转变"的时代中，经济全球化已经不可逆转地改变了我们每个人的生活。在这样的时代背景下，中国也加入了各种国际经济合作组织，并与一些地区和国家建立自贸区等。而要真正推进经贸合作，无疑须对各自的消费模式、经营理念及文化习惯等有深度了解。只有依托广泛的人文交流，并依此形成相互理解和信任的关系，经贸合作才能真正成为相互关系中稳定的压舱石。与此同时，人文交流本身也可以为经贸合作带来巨大的直接收益。在推进人文交流建设的过程中，文化、教育、体育、卫生等领域都是潜力巨大的新型产业。正是在此意义上，中外人文交流可以推动经贸合作。

最后，中外人文交流可以推进民心相通。中国古典智慧昭示，"国之交在于民相亲，民相亲在于心相通""以心相交者，成其久远"。言下之意，国家之间的关系说到底是人与人的关系，只有精神层面的沟通才能由此产生信任、认可等，才能实现其他合作领域的"感而遂通"。正如德国哲学家卡西尔所言，人文沟通是理想世界的力量，一切真善美的实现最终都要依赖于这种力量。因为，从根本上来看，人文交流以民众互动、互识、互知为出发点和落脚点，能够广泛动员更多的行为主体进行面对面的、切身实地的交流与沟通，让参与的个人直接感受相互间思想文化的激荡碰撞。无论在何种具体情境中，人文交流都是通过精神层面的沟通和交流，追求情感和文化上的理解与认同，并将此转化为具有亲和力和感召力的柔性力量。正是在此意义上，中外人文交流的一个核心诉求便是实现民心相通。而要实现此诉求，便必须依托多层次、宽领域、全方位的渠道加强沟通与交流，尤其在文化冲突日益严峻的情况下，诉诸人文交流实现民心相通就更加重要了。美国哈佛大学萨缪尔·亨廷顿教授就曾明确指出："未来国际冲突的根源将是文化，不同文化间的界限不但使人类截然隔离，且易于引发冲突，而以往侧重的经济或是意识形态则变为引发全球政治冲突的次要原因。"事实上，当前中国所倡导的人文交流涵盖范围相当广泛，内容非常丰富，涉及青年、妇女、文化等方面，这些无疑将整体推进民心相通。

第二节　中外人文交流取得的进展与面临的问题

21世纪以来，中外人文交流事业发展迅速，取得了重要进展，为推进我国对外交往，增进与世界各国人民的友谊发挥了重要作用。但鉴于交流内容的复杂性、交流目标的不可预测性等因素，中外人文交流在实践中亦不可避免地存在着系列问题。

一、中外人文交流取得的进展

总体而言，当前中外人文交流在以下几个方面取得了可喜的进展。

首先，中外高级别人文交流机制建设持续推进。回顾历史，中外高级别人文交流机制从无到有。自2000年中国与俄罗斯建立中俄教文卫体（人文）合作委员会至今，我国已先后与俄罗斯、美国、英国、欧盟、法国、印度尼西亚、南非、德国、印度建立起了涵盖教育、科技、文化、卫生与体育等领域的九大高级别人文交流机制。高级别人文交流机制充分发挥引领作用，逐步形成了高层支持、多方参与的中外人文交流格局。在机制成员共同努力下，机制汇聚了丰富成果，取得了显著成效。从根本上说，中外人文交流意义重大，涉及面广，做好中外人文交流离不开相关国家的坚定支持。或者说，国家层面高级别人文交流在中外人文交流机制发挥作用的进程中具有举足轻重的地位。缺失国家间的深度、和谐交往，中外人文交流机制的建设势必如履薄冰。例如，人文合作是中俄战略协作伙伴关系的重要组成部分。近年来，中俄在人文领域的合作富有成效，中俄人文交流在中俄双边关系中发挥着日益重要的作用。为推动中俄战略协作伙伴关系的全面发展，统筹规范中俄在教育、文化、卫生、体育领域的合作并使其机制化，2000年12月，在中俄总理定期会晤机制框架内成立了中俄教文卫体合作委员会。中俄人文交流机制中主要包含以下一些项目：俄罗斯中小学生来华参加冬令营活动、中国中学生赴俄罗斯参加夏令营活动、中俄大学生艺术联欢节、中俄大学校长论坛等。

其次，与国际组织的合作与交流不断加强。欧盟、独立国家联合体（独联体）、上海合作组织、阿拉伯国家联盟（阿盟）、非洲联盟（非盟）、美洲国家组织、东南亚国家联盟（东盟）、南亚区域合作联盟、加勒比国家联盟、七十七国集团、中国—阿拉伯国家合作论坛等国际组织是中国对外交流合作的重要合作方，而它们在促进中外人文交流事业发展进程中所发挥的作用也非常显著。尤其需要关注的是，作为世界格局的重要影响力量及诸多"一带一路"国家参与的组织，欧盟一直是中国对外交往的重要对象。具体而言，中国政府一贯重视与欧盟集团的多方面、多层次的人文交流。新中国成立以来，这一地区一直是我国开展人文交流最活跃的地区，双方的合作得到政府的大力支持，内容广泛，形式多样，成效显著。尤其是2003年后，中国和欧盟确定建立"全面战略伙伴关系"，促使双方的人义交流有了更多的交义点与推动力。与此同时，中国与周边区域性国际组织的互动也在不断强化，整体推进了人文交流实践的发展，如当前"中国—东盟文化论坛"的前身为诞生于2006年的"中国—东盟文化产业论坛"。从2011年起，论坛正式升格为由文化部与广西壮族自治区人民政府联合主办的省部级论坛，并于2012年进一步升级，由原来的"中国—东盟文化产业论坛"更名为"中国—东盟文化论坛"，逐渐发展成为在中国和东盟地区有较大国际影响力的省部级专业论坛，成为中国—东盟合作机制的重要构成。

再次，双边人文合作与交流不断深化。从世界范围来看，随着"一带一路"倡议的落地与持续推进，中外人文交流遍及世界各国。例如，从2004年开始，我国在借鉴英国、法国、德国、西班牙等国推广本民族语言经验的基础上，探索在海外设立以教授汉语和传播中国文化为宗旨的非营利性教育机构——孔子学院。几年来，孔子学院建设快速发展，已成为世界各国人民学习汉语和了解中华文化的园地、中外文化交流的平台、加强中国人民与世界各国人民友谊合作的桥梁，受到广泛欢迎。截至2019年6月，中国已在44个非洲国家设立了59所孔子学院和41个孔子课堂，成为非洲学生学习中文的重要平台。肯尼亚内罗毕大学孔子学院建立于2005年12月，多年来，累计注册学生15 000多名。与此同时，中国与传统友好国家的人文交流实践也在向更深层次全方位推进。例如，中国与哈萨克斯坦建交以来，双方在政治、经济、文化等方面的交流往来日益密切，相关合作日益深化，取得了诸多重大成果。尤其是近年来，中哈两国在人文交流方面取得了巨大的进步，各种层次的人文交流活动成为两国合作中的常态。如2006—2007年中哈就曾深入对方国家，开展文化节活动，中国新疆、重庆、遵义等地代表团赴哈进行人文交流。而由中国设立的两所孔子学院，更是作为中哈人文交流的桥梁发挥着作用。作为最早与新中国建交的国家之一，波兰一直与中国保持着深厚的友谊。两国更于2011年缔结战略伙伴关系，并持续推进各种形式的人文交流实践。如自2011年起，波兰各地举办"欢乐春节"活动，促进波兰人民对中华文化的了解，受到了当地人民的热烈欢迎。与此同时，在中国政府的支持下，波兰已设立5所孔子学院，其国内诸多幼儿园、小学、中学也积极开展汉语言教育。

第四，各国社会机构之间人文交流持续发展。在中外人文交流进程中,各种层次、形式的机构无疑正在或即将发挥重要作用。因为,无论是国际组织还是国家本身,都需要依靠各种机构来具体落实相关政策。其中,学校尤其是大学在作为人文交流重要组成部分的教育交流中不仅发挥着桥梁作用,还发挥着智库作用以及应对全球共同挑战的作用。大学的参与使中外教育交流合作项目呈现出多样化的特点,通过大学之间的合作,可以开展各种学生交流交换、联合研究、区域合作、联合办学、海外办学、联合实验室或研究中心等合作项目。如中国高校与法国巴黎高科学校集团之间的"9+9"项目(双方最初均为9所高校,该项目又名:50名工程师项目)便是典型,巴黎高科学校集团由12所法国著名的工程师学校组成,该集团于2001年与我国9所大学(清华大学、北京大学、中国农业大学、南京大学、东南大学、南京农业大学、同济大学、复旦大学和上海交通大学)确定了合作关系(即中法"9+9"项目),并于2012年增加我国3所高校,即武汉大学、华中科技大学和浙江大学。本项目招收对象是中国一流大学的优秀本科毕业生,被巴黎高科录取的学生,在其成员学校学习2—3年并满足学校的毕业及学位授予相关要求后即可获得法国工程师文凭。尤其需要指出的是,孔子学院作为中国国家汉语国际推广领导小组办公室在世界各地设立的推广汉语和传播中国文化的机构,旨在增进世界人民对中国语言和文化的了解,发展中国与外国的友好关系,促进世界多元文化发展,为构建和谐世界贡献力量。目前,全球已有154个国家(地区)建立了548所孔子学院和1 193个中小学孔子课堂。2018年,各国孔子学院和课堂各类学员总数186万人,举办各类文化活动受众1 300万人。

最后,民间人文交流深入开展。总体而言,中外人文交流的主体主要是具体的个人,所进行的活动主要是个人之间的合作研究、自费留学、旅游与文化考察等。随着全球化经济的繁荣发展，国与国之间了解与交往的加深，个人自费留学、旅游与文化考察等获得了较大发展，日益成为中外人文交流中的必要组成部分。例如，相关统计数据显示，改革开放40多年来，各类出国留学人员累计已达519.49万人，目前有145.41万人正在国外进行相关阶段的学习和研究。我国出国留学人员目的地仍相对集中，多数前往欧美发达国家和地区求学，"一带一路"国家成为新的增长点。2017年，赴"一带一路"沿线国家留学人数为6.61万人，比上年增长15.7%，超过整体出国留学人员增速，其中，国家公派3 679人，涉及37个"一带一路"沿线国家。当然，随着中国改革开放进程的深入推进，越来越多的外籍人士也热衷于来华交流与学习。据统计，2018年共有来自196个国家和地区的492 185名各类外国留学人员在全国31个省（区、市）的1 004所高等院校学习，比2017年增加了3 013人，增长比例为0.61%（以上数据均不含港、澳、台地区）。与此同时，中国也在积极利用定居海外的华人力量，促进民间层面的中外人文交流。据统计，全球6 000万名海外华人中约60%居住在"一带一路"沿线国家，他们对中外人文交流实践的积极参与有助于将中国的文化思想与"一带一路"沿线国家的实情更好地对接。

二、中外人文交流面临的问题

对于当前的中外人文交流实践而言，亦面临诸多的现实问题。我们将从以下几方面进行具体分析。

首先，重要国家的参与度有待进一步提高。就当今世界格局而言，根据国际货币基金组织的数据，"西方七国"（G7，美国、加拿大、日本、英国、法国、德国、意大利）从2007年到2017年年底，国内生产总值（GDP）总和在世界GDP总量中所占的比例从54.82%下降为46.38%。相比之下，一批新兴市场国家和发展中国家呈现比较快速的群体性的梯次崛起态势。其中，"金砖五国"（中国、印度、俄罗斯、巴西、南非）的经济发展虽不同程度地面临困难，但整体实力持续提升。从2007年到2017年年底，五国GDP的总和在世界GDP总量中所占比例从13.79%增长为23.09%。这种巨大的变化是历史上前所未有的。经济数据虽然只是全球格局变迁的一个表征，但也彰显着当今世界发展的大致趋向。当然，在当前的中外人文交流实践中，中国与上述这些传统抑或新兴的世界重要国家都保持着积极、全面的合作，但毋庸讳言，短板依然显而易见，如与巴西、日本等国的人文交流事业往往因各种各样的原因而裹足不前。除了与世界重要国家的人文交流之外，积极发展与区域性重要国家的人文交流也须得到重视。因为，世界格局的形成与发展不可或缺区域格局的支撑，但中国与某些区域性重要国家的人文交流还有可以提升的巨大空间，如以色列、沙特阿拉伯等国。

其次，"一带一路"沿线国家需要进一步布局。"一带一路"是"丝绸之路经济带"和"21世纪海上丝绸之路"的简称，是于2013年9月和10月由中国国家主席习近平分别提出建设"新丝绸之路经济带"和"21世纪海上丝绸之路"的合作倡议。它将充分依靠中国与有关国家既有的双多边机制，借助既有的、行之有效的区域合作平台，高举和平发展的旗帜，积极发展与沿线国家的经济合作伙伴关系，共同打造政治互信、经济融合、文化包容的利益共同体、命运共同体和责任共同体。可以说，"一带一路"倡议是以习近平同志为核心的党中央树立全球视野，统筹国内国际两个大局，谋划全方位对外开放大布局，积极主动走向世界的重大倡议与构想，其不仅符合全国人民的发展愿景与利益，更顺应了当今世界和平、发展、合作、共赢的潮流。在这样的境况中,积极关注与"一带一路"沿线国家人文交流事业无疑是新时代背景下的必然要求。但事实上,当前我国与"一带一路"沿线国家的人文交流事业还有巨大空间可以提升。

再次,中外人文交流内容有待进一步丰富。在各种举措的持续推进下,中外人文交流的内容日趋丰富。2000年11月,为落实中俄两国元首达成的共识,推动中俄战略协作伙伴关系的全面发展,统筹规划有关领域的合作并使其机制化,中俄双方成立中俄教文卫体合作委员会,交流领域涵盖教育、文化、卫生和体育。2007年7月,中俄教文卫体合作委员会更名为中俄人文合作委员会,委员会下设教育、文化、卫生、体育、旅游、媒体、电影、青年8个领域的合作分委会和档案合作工作小组。随着交流的深入,中俄人文交流内容日益丰富,人才联合培养、高校联盟、卫生防疫、旅游投资、媒体交流工作以及青少年运动会、文化节、电影节、档案展、青年代表团互访等各项活动有序推进。可以说,上述工作的成绩有目共睹,但问题也是显而易见的,即缺乏具有品牌效应、可以产生广泛影响力的中外人文交流名片。也就是说,中外人文交流工作不仅要在面上铺开,更应重点突出地打造人文交流品牌,即应集中力量打造一批示范工程,实施一批示范项目,形成一定的品牌,从而牵引各领域、各层次的中外人文交流工作。

第四,中外民间人文交流事业有待进一步发展。毋庸讳言,在党和政府的正确领导下,中外人文交流事业取得了举世瞩目的成就。但正如上文所指出的,中外人文交流不仅需要各国政府、机构的支持,更需要民间的广泛参与。以教育交流为例,整体上看,我国与世界其他国家的教育交流中,如学生交流交换、教师交流交换、联合研究、区域合作、奖学金项目、联合办学、海外办学、联合会议、联合实验室或研究中心、联合学位、双学位等合作项目仍然以国家官办为主。官办的特点是制定统一的留学政策，项目费用主要来自政府，在实施过程中也要受到政府不同程度的控制。在全球化势不可挡的今天，行政约束较多将有碍于教育交流与合作活动的开展，如行政机构本身的效率、透明度等问题常常有碍于中外人文交流，尤其是民间交流的开展，而且绝对的官办化也可能会出现中外人文交流无法有效接轨的问题。例如，如何面对国外的非官方机构，如何处理与之的交往交流实践等都是我们须面对的现实问题。

最后，以我为主的程度需要进一步增强。党的十九大报告指出，加强中外人文交流，以我为主、兼收并蓄。《关于加强和改进中外人文交流工作的若干意见》的发布，就是在习近平新时代中国特色社会主义思想指导下，立足党和国家工作大局对人文交流工作作出的战略规划。新时代中外人文交流事业要重在以我为主、兼收并蓄，切实加强中华文化与世界各国文化之间的交流互鉴，稳步推进中华文化走向世界。也就是说，在长达五千多年的发展历程中，中华文化形成了自己的民族底色。中外人文交流的所有举措，都应该紧紧围绕以我为主，在中国日益接近世界舞台中心的进程中让世界知道、理解乃至认同中国文化。但在当前的中外人文交流实践中，或因文化的差异，或因外在的阻力，或兼而有之，相关举措很难贯彻落实以我为主的立场，甚而产生崇洋媚外、人云亦云等问题，使得中外人文交流实践的根本立场产生偏移，背离了新时代党和国家中外人文交流事业的指导方针。

第三节　完善中外人文交流全球布局的政策走向

《中国教育现代化2035》为未来中外人文交流的政策走向提供了指引：完善中外人文交流全球布局。推进中外高级别人文交流机制建设，努力形成与各层次各领域对外开放深度融合、相互促进的中外人文交流新格局。拓展人文交流领域，丰富内容和形式，加快人文交流品牌建设，促进中外民心相通和文明交流互鉴，在吸收借鉴人类一切优秀文明成果的同时，向世界贡献中国智慧、中国经验、中国方案，实现互利共赢。引导和鼓励学生、教师参与各领域中外人文交流，积极开展国际理解教育，在交流互鉴中展示当代中国的良好形象。在这样的方针指引下，中外人文交流事业必将迎来新的更大发展。由此，我们结合上述政策方针，从以下方面对未来中外人文交流的政策走向作一探讨。

一、确立中外人文交流的指导思想

《中国教育现代化2035》明确指出，把学习贯彻习近平新时代中国特色社会主义思想作为首要任务，贯穿到教育改革发展全过程，落实到教育现代化各领域各环节。因此，中外人文交流事业必须以习近平新时代中国特色社会主义思想为指导思想。具体而言，在对待中外人文交流问题上，我国不能如西方一样秉持功利主义、殖民主义的思维，同时也需要对其他国家各种形式的意识形态输出，尤其是各种宗教极端主义思想，始终保持清醒的认识。因此，在中外人文交流中，我们需要警惕其他国家将本国的政治价值观和意识形态裹挟渗透到我国的文化中，破坏我国的人文传统等。在此意义上，为了更好地促进中外人文交流，我国首先必须加强民族语言文化的学习，以弘扬中华文化，增进民族的认同感和凝聚力，这是对中外人文交流可能遭遇问题的一种必然回应。

二、加强与世界各国的合作交往

《中国教育现代化2035》强调，应充分发挥高级别人文交流机制示范带动作用，加强与重点国家、重点区域人文交流等。因为，在我国日益走近世界舞台中央的进程中，离不开世界各国，尤其是世界各国的全力支持。因此，要紧紧把握当代中国的客观实际和时代特征，推动中国文化真正实现"走出去"，广交朋友，深交朋友，不断扩大中国在世界上的"朋友圈"，提升中华文化的国际话语权和影响力。但在上述过程中，我们的中外人文交流实践应该强调重要国家，重视与世界乃至区域重要国家的人文交流实践，以此为着力点，结合世界其他国家的支持，全力推进中外人文交流实践的发展。与此同时，随着"一带一路"倡议的深度贯彻，中外人文交流工作也应以"一带一路"沿线国家为重点，继续加大与沿线国家政府、民间的合作及交往力度，打造更多品牌项目，在积极"走出去"，传播中国声音，扩大中国影响力的同时，也应积极吸引沿线各国人民来中国，深度认识与理解中国的社会制度与文化等，增进沿线各国人民的人文交流与文明互鉴，让各国人民相逢相知、互信互敬，共享和谐、安宁、富裕的生活，为"一带一路"倡议的整体实现作出自己的贡献。

三、推进中外民间人文交流的深入开展

《中国教育现代化2035》强调，应积极促进中外民心相通和文明互

鉴。人文交流是一项人民的事业，主体是人民，根本动力来自人民，目的是为了人民。要充分调动中央与地方、政府与社会的积极性，在发挥好高层引领、高级别机制示范带动作用的同时，做到重心下沉、贴近民众，通过体制机制改革创新为民众和社会力量积极参与人文交流创造条件、提供保障。随着对外开放水平的不断提高，更多的普通中国人走出国门，更多的外国朋友来到中国，人民之间的交往空前活跃，每个人都可能成为人文交流的使者。正如习近平指出的，让13亿人的每一分子都成为传播中华美德、中华文化的主体。要着力推动人文交流理念深入人心，加强相关知识和理念的教育、传播、实践，引导广大民众、华侨华人、留学生等积极参与人文交流，引导中资企业和机构在"走出去"过程中坚持经贸与人文同行，将人文交流寓于中外民众日常交往中。各级政府部门和领导干部也要切实提高认识，鼓励和支持具有正向价值的各种形式、各种层次的民间人文交流实践，发挥出民间人文交流在推动中外人文交流事业深层推进方面的可能价值，落实人文教育的本质诉求。

四、培育和打造一批中外人文交流品牌

《中国教育现代化2035》强调，应积极加强中外人文交流，打造一批具有中国特色、国际影响的人文交流品牌。因此，在中外人文交流实践的推进过程中，要精心培育和打造一批扎根深、效果实、受欢迎、可持续的品牌项目，扩大中外民众的参与度和受益面，增强获得感和快乐感。要改进传播方式，打造具有国际影响力，易于为国外受众接受的媒介，充分利用互联网和虚拟平台开展交流。事实上，我国在此方面已经积累了一定的成功经验，如孔子学院的设立。2004年，国家汉办首次

在海外设立以教授汉语和传播中国文化为宗旨的非营利性教育机构——孔子学院。到2017年，国家汉办已在全球146个国家（地区）设立了525所孔子学院和1 113个孔子课堂，足迹遍布各大洲主要国家和地区。其意义已不仅仅是国际汉语推广和中外文化交流的基地、平台和桥梁，更是政府外交、公共外交和民间外交的重要舞台和实现形式。关于中外人文交流实践的效果，有学者提出，基于135个国家17年面板数据的双向固定效应模型表明，孔子学院对奖学金项目留学生表现出积极的引力效应，平均每设立一所孔子学院，所在国来华留学生的数量增加1.5%。虽然从总体上看，孔子学院反倒减少了所在国来华留学生的总数量，但是这些替代效应主要体现在非学历项目和自费来华留学的学生上，在某种程度上可以理解为孔子学院改善了来华留学生的生源结构。[①] 因此，在未来中外人文交流机制的建设过程中，我们应积极梳理既有举措的经验与教训，尤其是要树立取得巨大成效的榜样与典型，构建具有广泛影响力的中外人文交流品牌，引领中外人文交流实践的整体推进。

五、夯实中外人文交流的组织基础

《中国教育现代化2035》强调，应推进办学形式等方面的组织革新以保障中外人文交流。因此，为更好地促进中外人文交流，不仅需要我们廓清认识，更需要组织层面的革新。或者说，为了更好地推进中外人文交流，需要在整合职能的基础上全面使服务内容走向系统化。如澳大利亚1969年成立的高等学校国际发展计划组织（International Development Program，简称IDP）是其第一个也是最重要的一个对外交

[①] 哈巍，陈东阳. 孔子学院与来华留学生规模的实证研究——基于135个国家面板数据（1999—2015）[J]. 教育发展研究，2019，39（1）：55-62.

流组织，它的主要工作有：投标准备工作、项目（含援助项目）和合同管理、洽谈合作项目和组织培训、学生信息咨询服务、刊印有关澳大利亚教育课程与培训的出版物、安排教育展览、组织国际会议和教学旅游、组织英语教学和测试等。这个组织在多个国家设有办事处，同时还与各国政府、世界银行、亚洲发展银行签订教育发展项目，开展高等教育国际化方面的调查研究，同时，澳大利亚还设有国际教育协会和国际教育基金会。但我国有关这方面的专门组织的设立，还略显滞后。所以对于我国来说，建立专门的机构，无论是政府的还是民间的，明确好它们的职责，对我国中外人文交流的发展都将是十分有益的。

六、扩大中外人文交流的政策扶持

《中国教育现代化2035》强调，要为世界贡献中外人文交流的中国智慧、中国经验、中国方案。在这一过程中，政策层面的扶持不可或缺。具体而言，为了更好地促进中外人文交流，灵活、连续、富有吸引力的支持政策是十分必要的。为此，我国应该进一步扩大相关政策扶持，增强我国在人文交流方面的对外吸引力。一方面，面向国内的政策构建层面：考虑到成本收益原则，可以在大幅度提高相关收费的同时，也要积极提供大量的资助；积极发动地方政府和工商企业界参与进来，作为人文交流的重要主体；等等。另一方面，面向国外的政策构建层面：要加大对外的宣传力度，吸引更多的外籍人士来华交流、学习，如在"一带一路"沿线国家定期举办各种人文博览会，借助我国驻外使馆、校友会、同学会等团体宣传我国的人文特色；针对信息化时代的特质，积极利用互联网的优势，逐步建立一个完整、先进、高效的宣传服务系统，将中国人文交流的特色、诚意等宣传出去。

第七章　促进孔子学院和孔子课堂特色发展

孔子学院（课堂）是我国教育对外开放的重要组成部分，在推动实现教育现代化和促进社会经济发展等方面发挥着重要作用。《中国教育现代化2035》指出，应办好孔子学院，进一步优化办学布局，拓展办学功能，加强师资队伍建设，深化教学内容改革，创新传播方式，促进孔子学院和孔子课堂特色发展。深入实施孔子新汉学计划，以多种形式发展对外汉语教学，深化与各国语言文化交流，拓展世界学习和使用汉语的范围。由此可见，促进孔子学院和孔子课堂特色发展是我国教育现代化建设的重要内容和举措，是我国扩大教育对外开放的重要着力点。本章主要探讨孔子学院（课堂）的内涵和意义，总结孔子学院（课堂）取得的进展和存在的问题，并在此基础上分析促进孔子学院（课堂）特色发展的政策走向。

第一节　孔子学院和孔子课堂的内涵和意义

2004年11月21日，国家汉办委托韩国韩中文化协力研究院建立的第一所海外孔子学院在汉城（今首尔）汉语水平考试韩国办事处正式挂牌，从此拉开了海外孔子学院建设的帷幕。历经十余年的发展，孔子学院已经初步完成了整体布局，成为海外学习汉语最正规、最主要的渠道。作为中国开展汉语教学和中外教育、文化、经济等方面交流合作的官方机构，孔子学院将汉语教材、汉语师资培训、中文学历教育、汉语水平考试等一系列项目联系起来，突破了以往汉语教学零散、碎片化的局面，在提升中国对外汉语教学能力，促进对外汉语事业发展，乃至推动中外公共外交、经贸友好交流等方面都具有重要影响。

一、孔子学院和孔子课堂的内涵

孔子学院是由国家汉语推广办公室承办的，旨在开展汉语教学和中外教育、文化、经济等方面交流与合作的非营利性教育机构。孔子学院作为非营利性教育机构，其宗旨是增进世界人民对中国语言和文化的了解，发展中国与外国的友好关系，促进世界多元文化发展，为构建和谐世界贡献力量。根据《孔子学院章程》（以下简称《章程》），孔子学院的主要职能是：面向社会各界人士，开展汉语教学；培训汉语教师；开展汉语考试和汉语教师资格认证业务；提供中国教育、文化、经济及社会等信息咨询；开展中外语言文化交流活动。孔子学院致力于适应世界各国（地区）人民对汉语学习的需要，增进世界各国（地区）人民对中国语言文化的了解，加强中国与世界各国教育文化交流合作，发展中国与外国的友好关系，促进世界多元文化发展，构建和谐世界。孔子学院设立理事会，实行理事会领导下的院长负责制，由院长负责孔子学院的日常运营和管理。中外合作设置的孔子学院，理事会成员由双方共同组成，其人数及构成比例由双方协商确定。孔子学院理事会负责审议孔子学院发展规划、年度工作计划、年终总结报告、项目实施方案及其预决算，聘任、解聘院长、副院长（聘任、解聘院长、副院长须报总部备案，中外联合设置的孔子学院院长、副院长的聘任由双方协商确定）。

孔子学院总部（国家汉办）是总部理事会的日常办事机构，负责管理和指导全球孔子学院的工作。其主要职责包括制定孔子学院建设规划及标准、审批孔子学院及其预决算、指导各地孔子学院开展办学活动、为各孔子学院提供教学资源服务及支持等。

孔子课堂则是由国家汉办管理，设立在具备政府认定办学资质的外国全日制中小学校的以推广中华语言文化为目的的教育机构。孔子课堂既包括孔子学院在中小学的下设课堂，也包括中方各省、自治区、直辖市中小学校与外国教育机构合作开办的独立孔子课堂。孔子学院主要面对高等学校学生和普通公众，而孔子课堂则主要面向中小学生开展汉语教学和文化推广活动。孔子学院与孔子课堂共同构成了我国海外汉语教学体系。

二、设立孔子学院和孔子课堂的意义

作为汉语国际推广的重要项目，孔子学院在推动对外汉语教学、开展中外教育合作、促进中外文化交流、民心相通，甚至在推动公共外交、扩大经贸合作等方面都发挥着非常重要的作用和意义。

（一）推动对外汉语教学，满足海外汉语学习需求

孔子学院（课堂）作为我国汉语国际推广的重要实践方式和实现手段，其最基本的目标在于满足国际上对汉语学习的需求，在国际上开展汉语教育，让有需求的民众"获得汉语能力"。在语言教育方面，孔子学院能够促进"汉语热"不断发酵。当前，我国在世界范围内建设了一定规模的孔子学院（课堂），开设了数量众多的汉语课程，通过网络孔子学院、孔子学院院刊等方式，为世界范围内热爱中国文化的学习者提供了便利的学习交流平台和海量的学习资源，为孔子学院外派了大量

专业素质过硬的汉语教师和志愿者，还因地制宜地为各地区的孔子学院培养了数以万计的本土汉语教师。与之配套，我国还在海外设立了众多汉语考点，结合网考等形式提供考试服务，同时为有志于来华交流、获取学位的外国学生设立了奖学金项目。在当地，孔子学院还结合本土文化，累计开展了形式多样的文化活动，受众超过千万人次，产生了广泛而深远的影响。通过合作开发教材、提供图书等方式，孔子学院提高了本土汉语教学水平和质量。从这个角度来看，孔子学院对推动对外汉语教学、满足世界范围内汉语爱好者的语言学习需求具有重要意义。

（二）推动中华文化传播，促进中外文化交流

语言是文化重要且独特的组成部分，语言的地位、影响和作用受到越来越多的重视，成为国家战略和核心利益之一。孔子学院的设立有利于促进中华文化的传播与交流，降低中国与东道国文化距离的负面影响。从某种意义上讲，海外孔子学院已经成为中国文化"走出去"的港口。随着孔子学院（课堂）的开展，越来越多的中国文化要素在孔子学院平台上找到了对外交流和输出的平台，黄梅戏、昆曲、武术、书法和中医等都是孔子学院（课堂）的常见内容。[1] 通过孔子学院这一平台，中国传统文化得以在世界范围内传播，一些曾经被忽视的传统文化成果焕发了生机。

孔子学院的建立还为中外文化交流提供了重要平台。汉语国际教育的宗旨就是为了与世界分享各自的文化。这意味着并不仅是向东道国传播中华传统文化，而是有所交流、有所互动，进而生成多元文化理解。孔子学院的课程不仅是向外国朋友介绍中国文化，更是向他们介绍文化

---

[1] 宁继鸣. 孔子学院研究年度报告（2018）[M]. 北京：商务印书馆，2018：134.

背后的中国情感和意蕴。孔子学院应致力于在当地构建一种互文性的、主体间性的文化关系，促进共同理解。这样的孔子学院，才可能成为在不断介绍中国文化的同时也不断吸取所在国文化的机构，成为一个文化扎根机构、种子机构，成为推进国际理解、促进人类命运共同体建设的重要平台。①

（三）增进互信，扩大经贸合作

除推动了我国对外汉语教学、中华文化传播之外，孔子学院还能增进我国与外国的商业互信，推动我国与东道国在经济领域展开合作，促进对外直接投资、国际贸易和国际旅游业的发展，为中国经济"走出去"打下坚实的基础。在增进互信、扩大经贸合作方面，孔子学院既有直接的作用，又有间接的影响。首先，共同的语言环境降低了交易的成本，为贸易的开展创造了可行性；其次，对外直接投资是一种长期投资活动，需要更多的沟通和信任，孔子学院可以有效提升两国人民之间的信任关系，促进中国对外直接投资；最后，语言的传播增进了中国对世界的了解，也有助于点燃世界了解中国的热情。近年来，我国更加重视在"一带一路"沿线国家开设孔子学院，通过文化交流促进互相信任，进而实现在经济领域的合作。不管是在美洲、欧洲等相对发达地区，抑或是在非洲等教育、经济相对落后的地区，开展孔子学院及相关活动都有助于增进东道国对中国的了解，培养一批热爱中华文化、具备良好汉语能力的优秀人才，为更大范围的经贸合作提供人才基础。

（四）增进国际理解，推动公共外交

长期以来，我国在国际话语体系上处于边缘地位，在重要外交场合

---

① 张虹倩，胡范铸. 全球治理视域下的汉语国际教育及孔子学院建设：问题、因由与对策[J]. 社会科学，2017（10）：26-35.

上我国影响力仍然不足。受历史原因和某些媒体别有用心的报道等影响，部分国家和地区对我国仍然抱有敌视态度，对我国的发展道路不够理解，甚至对我国的公共外交指手画脚。随着我国综合国力逐渐增强，我国越来越意识到国际话语体系的重要性，迫切希望能够在国际舞台上发声，在国际事务上贡献中国智慧。孔子学院的开设便是我国破除"中国威胁论"，让世界了解中国、理解中国的重要途径。孔子学院作为中国文化的代表，在增进国际理解，推动公共外交上发挥着重要作用。首先，通过国际汉语推广，让世界更多民众了解中国、学会汉语，汉语作为一种全球语言开始进入全球文化话语体系。[①] 其次，有助于将原本复杂多样的中国文化整合成为相对均质的、具有统一性的中国文化。孔子学院是海外民众学习汉语、了解中国最正规的机构，通过高素质的师资、正规的教材以及多样的文化活动等，有助于准确传播中华文化、塑造中国形象，让海外民众知道并理解真正的中国文化。此外，在某些国家或地区，孔子学院还发挥着准大使馆的作用，为当地群众提供经济、文化、教育等领域的咨询服务，有利于推动民心相通，增进民间文化认同，塑造大国形象。

（五）推动教育国际合作，提升教育国际化水平

孔子学院有助于推动我国与海外国家（地区）开展教育国际合作。孔子学院和孔子课堂的设立能够增进双方对对方教育的理解，扩大双方交流，有利于促进双方办学机构开展友好交流的文化活动，并为双方教师、学生、管理人员流动等方面的合作提供有利条件。孔子学院为中国

---

① Kluver R. Chinese Culture in a Global Context: The Confucius Institute as a Geo-cultural Force [M] //China's Global Engagement: Cooperation, Competition and Influence in the 21st Century. Washington, D.C.: Brookings Institution Press, c2017: 389-416.

的大学了解国外大学体制、促进人员往来合作，乃至体察他国社会风土人情等提供了一个常规性的学习窗口和交流平台。为双方大学间的合作与发展提供了广泛、常态和组织化的机会和空间，是中国大学国际化的一个重要标志，并为人类文明的多元发展作出积极有益的贡献。① 值得注意的是，孔子学院是一个开展汉语教学和中外教育、文化、经济等方面交流与合作的非营利性教育机构，其主要功能更在于开展对外汉语教学和中外教育、文化等方面的交流。虽然孔子学院在促进经贸交流、开展公共外交等方面贡献显著，但是这仅仅是对外汉语教学所产生的副产品，并不能被视为孔子学院和孔子课堂的主要功能。

---

① 李军，田小红. "一带一路"背景下中、非大学的国际合作与发展 [J]. 华南师范大学学报（社会科学版），2017（1）：73-75.

第二节 孔子学院和孔子课堂取得的进展与存在的问题

孔子学院从无到有，由小到大，逐步形成了特色鲜明的办学模式，为促进汉语言学习、汉语文化传播提供了重要条件。孔子学院和孔子课堂成为世界各地学习汉语、了解中华文化的重要窗口。

一、孔子学院和孔子课堂取得的进展

孔子学院（课堂）立足中华文化，结合各国特色，坚持中外合作、内生发展的原则，在机构建设、师资队伍建设、教材开发和推广、孔子新汉学计划推动、品牌项目及汉语考试推广等方面取得重要进展，迅速成为推动汉语走向世界、促进中华文化国际传播的重要平台。在孔子学院带动影响下，60多个国家通过颁布法令政令等形式，将汉语教学纳入国民教育体系，170多个国家开设汉语课程或专业。

（一）办学规模稳步扩大，办学质量不断提高

2004年11月，首家孔子学院在韩国首尔挂牌成立。之后，孔子学院在全球范围内蓬勃发展，取得重大进展。一方面，孔子学院的办学规模稳步扩大，覆盖范围日益广泛。截至2018年12月31日，共有154个国家（地区）建立了548所孔子学院和1 193个孔子课堂，5 665个教学点。其中，亚洲35国（地区）设立孔子学院125所，孔子课堂114个；非洲44国设立孔子学院59所，孔子课堂41个；欧洲43国（地区）设立孔子学院182所，孔子课堂341个；美洲25国设立孔子学院161所，孔子课堂595个；大洋洲7国设立孔子学院21所，孔子课堂102个。孔子学院现有中外专兼职教师4.7万人，各类面授学员186万人，网络注册

学员81万人,全年举办各类文化活动受众达1 300万人。截至2018年12月底,网络孔子学院总学习人数达1 023万人,其中注册用户82.3万人,2018年总访问量235万人次。

另一方面,办学质量不断提高。孔子学院总部在制定及完善国际汉语教师、学习、教材、质量标准,建立健全汉语国际教育质量保障体系的同时,组织专家对孔子学院开展评估,积极引导各国孔子学院向教学型、特色型和职业技术培训型等方向发展,针对不同国家(地区)的情况开设了包括中医、武术、艺术、商务等各具特色的孔子学院。

(二)师资结构日益多元,业务素质不断提高

建设一支高水平的教师队伍是保证孔子学院办学质量的前提。[①] 随着孔子学院办学规模不断扩大,对汉语教师的需求也不断上升。近年来,通过"请进来"和"走出去"相结合的方式加大中方教师志愿者选、培、派力度,大力培养、培训各国本土汉语教师,实现了教师结构单一化向多元化的转变。据统计,孔子学院总部累计派出10.5万名院长、教师和志愿者;培养培训各国本土汉语教师46万人次,支持10国15所外国大学建立汉语师范专业,培养本土教师1 031人,为南亚7国培养培训本土教师6 401人;面向"一带一路"国家"汉硕"(汉语国际教育硕士)专业留学生招聘本土教师,累计聘用"汉硕"本土教师165人;在美国、英国、德国等17国33所孔子学院设立核心教师岗位,聘用34人。

国家有关部门通过增设学位授权点,扩大招生规模等形式培养了大批业务素质过硬的汉语国际教育专业人才。2018年,在北京大学等六

---

① 昌灏. 孔子学院的发展回顾与前瞻[J]. 高教发展与评估, 2015, 31 (1): 23-31.

所高校设立教育博士专业学位学校课程与教学专业汉语国际教育方向，试点招收博士生22人，探索培养高层次汉语国际教育人才。经国务院学位办审批，全国范围内高校增列37个汉语国际教育专业学位授权点。截至2018年，全国共147所高校建有汉语国际教育硕士专业学位授权点，招生总人数为6 170人。

（三）教材开发体系日益完善，教学资源日渐丰富

教材是推广汉语的重要载体，教材开发也一直是孔子学院工作的重要内容之一。一方面，孔子学院总部通过制定《国际汉语教学通用课程大纲》《国际汉语教材编写指南》等各类汉语教学标准、教材评估体系，保证教材质量。另一方面，结合区域特点，联合开发、认证、推广各类本土化汉语教材、读物、工具书等教学资源。当前，孔子学院总部建有涵盖54个语种的6 700多册汉语教材和文化读物的主干教材资源库，已完成《汉语图解词典》《汉语图解小词典》《汉语800字》三套工具书80个语种的翻译出版。"国际汉语教材编写指南"在线版注册用户达11.5万人，取得各类教材编写成果6万余件。截至目前，共有114个国家的457所孔子学院（课堂）开发了适应当地教学大纲和考试标准的本土教材3 119册。全球孔子学院出版学术著作、译作640多册，开展学术研究项目1 600多个。

（四）孔子新汉学计划

为培养各国知华、友华的新一代汉学家，繁荣汉学和当代中国研究，促进孔子学院可持续发展，孔子学院总部于2013年启动了重点品牌项目——"孔子新汉学计划"。该计划涵盖"中外合作培养博士""来华攻读博士学位""理解中国""青年领袖""国际会议"与"出版资助"六个项目，旨在充分调动国内高水平大学资源，聚合人文社科领

域1 000多名中国专家与200多名外国专家力量，为各国从事汉学和中国研究的学生、学者、各界精英人士与优秀青年构筑合作平台。自实施以来，孔子学院总部与中外多个汉学及中国研究机构开展深度合作，累计资助了600多名学生、学者、青年汉学家来华攻读学位或进行研修，700余名来自社会各界的青年领袖和业界精英访问中国；支持召开30余场国际学术会议和10余种中国典籍和现当代作品在海外的翻译出版。

（五）品牌项目丰富多样，国际影响日益扩大

为发挥孔子学院中外文化交流平台作用，从2009年开始，孔子学院总部每年组织国内高校师生赴各国孔子学院开展艺术巡演，组织专家学者开展学术巡讲，组织文化艺术和教材巡展，统称"三巡"项目。截至目前，项目累计派出302个艺术团组赴112国468所孔子学院，围绕展现中华优秀传统文化开展文艺演出2 500多场，观众共计243万人；支持教育、经济、政治、外交、文学、中医、太极各领域近500位专家赴全球孔子学院开展巡讲活动以及组织各类汉语图书展、文化主题巡展等。

"汉语桥"是另一具有较大影响的品牌项目。"汉语桥"中文比赛自2002年启动以来，已有152个国家近130万名大中学生踊跃参与了海外预赛，其中近6 000名优秀选手来华参加了决赛，每年1亿多海内外观众收看比赛。目前，"汉语桥"系列中文比赛已成为世界各国汉语学习者高度关注、积极参与的国际赛事，被誉为汉语的"奥林匹克"。"汉语桥"来华团组项目包括"汉语桥"校长团和"汉语桥"夏令营。自2006年启动以来，已有60多个国家的1万余名教育官员和大中小学校长来华参加校长团，70多个国家近2.5万名大中学生来华参加夏令营。

（六）汉语考试覆盖范围不断扩大，种类及方法不断创新

孔子学院总部在全球组织实施汉语水平考试（Hanyu Shuiping Kaoshi，简称HSK）、汉语水平口语考试（Hanyu Shuiping Kouyu Kaoshi，简称HSKK）、中小学生汉语考试（Youth Chinese Test，简称YCT）、商务汉语考试（Business Chinese Test，简称BCT）、"国际汉语教师证书"考试（Certificate for Teachers of Chinese to Speakers of Other Languages，简称CTCSOL）等考试服务项目。全球各类考生累计3 000多万人次。同时，孔子学院总部不断推进汉语水平考试种类和方法创新，考生每年以15%—25%的速度增长，2018年全球各类考生达680万人次。截至2018年，孔子学院在全球137个国家和地区设立了1 147个考点，提供网考服务考点453个，网考覆盖率39.5%。

二、孔子学院和孔子课堂存在的问题

自第一所孔子学院成立以来，孔子学院已经走过十余年的历程。各地孔子学院充分利用自身优势，开展丰富多彩的教学和文化活动，逐步形成了各具特色的办学模式，成为各国学习汉语言文化、了解当代中国的重要场所，影响广泛且深远。孔子学院在世界各国（地区）的发展虽然极为迅速，但也并非一帆风顺。目前，孔子学院和孔子课堂存在的问题主要有以下几个方面。

（一）国际语言推广"走出去""融进去"压力重重

孔子学院在发展的同时，也面临着国内外的负面舆论，遭遇着国内外民众的偏见、误解。此外，由于我国国际汉语推广起步较晚，真正融入国际话语体系亦并非易事。

一方面，孔子学院的推广"政府色彩"浓厚，引起了不少东道国的

怀疑和敏感。作为非营利的汉语推广机构，孔子学院的通常做法有外派教师和志愿者、赠书等，过于强调"无偿"的"政府行为"反而可能导致东道国的过度敏感。孔子学院现行的运作方式也确实容易被看作"官方支配"下的文化输出，不管是从教学的内容和体系来看，还是从资金来源以及运行机制来看，官方色彩都略显浓厚。一国的语言推广机构由政府推动乃至主导是理所当然的，但孔子学院让西方人焦虑的恰恰是意识形态问题。孔子学院（课堂）是由中外合办，对东道国高等教育甚至中小学都有一定的影响，这加剧了一些西方国家对孔子学院背后"官方意志"的焦虑。尽管中国文化传播从未带有侵略性，但凭中国幅员之广、人口之众、国力之强、市场之大、历史之久、文化之辉煌而论，若未深刻领悟中国思想与文化之精髓，则以上任何方面均能让他国民众或政府感到压力和恐慌。意识形态差异和政府色彩较浓导致的"中国威胁论"是孔子学院办学面临的一大困境。①

另一方面，孔子学院的推广还面临着与其他强势话语体系的竞争。当今世界语言文化推广也呈现出"一超多强"的局面，美国、英国、法国、德国、日本、西班牙等国家在语言文化推广方面经验丰富，在国际话语体系上也颇具影响力。尤其是美国作为文化大国，在全球范围内积极输出美式流行文化、生活方式与价值观念等。在欧美文化居于霸权地位的国际氛围下，孔子学院作为中国重点打造的文化出口产品，毅然"走出去"，必然会遭遇欧美文化的强力挑战和激烈竞争。②

（二）定位不够明确，文化传播缺乏有效指导

根据《孔子学院章程》的规定，孔子学院是国际汉语推广的非营利

---

① ② 舒建国，范晓歌，乔晓歌. 孔子学院成长的困境与应对［J］. 长白学刊，2017（1）：149-156.

性教育机构，其宗旨是增进世界人民对中国语言和文化的了解，发展中国与外国的友好关系，促进世界多元文化发展，为构建和谐世界贡献力量。虽说对外汉语教学是孔子学院的重要任务，但在实际运作过程中孔子学院还担负着向外国民众提供关于中国教育、文化、经济、社会等方面的信息咨询，开展中外语言文化交流活动等工作。① 然而，目前孔子学院的主要活动仍然较多停留在语言输出层面，关于传播什么样的文化，怎么传播中华文化这些问题的定位仍不清晰。由此造成了实际操作过程中的困惑与迷失。中国具有非常丰富的文化资源，但是更多的文化资源只停留在表面上的传播。中国过去的不少文化外交活动过分倚重古董展、艺术品展或民俗展演等，真正能够打动人心的文化活动少之又少。归根结底，还是因为本身定位不清晰所致。如果我们的各种文化外交活动没有中华文化的思想启迪或核心价值观的支撑，这些表层文化活动也就沦为了国际舞台上的娱乐活动，无法在目标国民众中产生长久影响，我们的文化外交活动就只有"形"而没有"魂"。②

（三）师资培训机制有待健全

开展孔子学院建设离不开一支高素质的国际汉语人才队伍。一直以来，有关部门重视对外汉语教师、志愿者的培养。孔子学院总部通过网上报名结合专业考试、综合素质面试等方式为对外汉语推广选拔培养了大批具有教学经验、具备专业素养的院长、教师和志愿者。但是不可否认的是，孔子学院外派人员选派难的问题一直未能得到有效的解决，部

---

① 舒建国，范晓歌，乔晓歌. 孔子学院成长的困境与应对［J］. 长白学刊，2017（1）：149-156.
② 喻国明，杨雅. 中国话语传播"走出去"的关键性问题——以孔子学院文化传播的影响因素为例［J］. 对外传播，2017（1）：48-50.

分外派教师虽然具备较高的汉语教学能力,但是在总体文化素养方面还需加强,以避免在传播过程中将中华文化简单化、片面化,造成不必要的误解。当前,我国尚缺乏教师、志愿者培养的长效机制,教师和志愿者选拔、培训、评估、追踪发展机制亦尚未完全建立,教师、干部参与孔子学院建设的积极性未充分调动起来。同时,我国针对当地本土培养的教师人才评估不足,缺乏统一的评估指标,导致当地本土教师培训质量参差不齐,由此对汉语国际推广的质量产生一定程度的影响。另外,外语类院校未能有计划、成规模地培养通晓非英语语种的国际汉语教育人才,通晓非英语语种的汉语国际教育专业硕士占总人数的比例不足20%,有些非英语国家孔子学院的中方人员中懂当地语言的人才尤其匮乏。此外,外语类院校非英语语种师资力量不足,参与编写国别教材和工具书的能力有限,编写周期长,不能满足孔子学院急迫的需求。经典外译和精品外译的语种数量较少。由于教材、工具书和译著在职称评审中均不能作为重要成果,教师的积极性不高。[①]

(四)传播形式单一,内容不够丰富

中华文化源远流长、博大精深,具有丰富的内涵和人文底蕴。作为中华文化海外传播的代表,孔子学院积极开展各种形式的文化活动扩大中华文化的影响。2017年,孔子学院开展各类文化活动共计4.2万余场,受众逾千万人次。"汉语桥""孔子学院日"等品牌活动的举办亦扩大了中华文化的影响。然而,孔子学院办学往往过度强调传统文化,忽视了现代中国文化和人类文化的传播,忽视了向世界传播中国智慧、展现现代中国的创新精神。孔子学院的文化传播主要通过民俗表演、展览、讲

---

① 安然,魏先鹏,许萌萌,等. 海内外对孔子学院研究的现状分析[J]. 学术研究,2014(11):129-136.

座等形式展开,这在传播初期作为一种新鲜的异域事物可能容易得到观众的认可,但是发展到一定阶段后,文化猎奇需求得以满足,接受者容易产生文化异质的想法,甚至错误地认为中华文化缺少内涵,与当地民众的文化需求格格不入。目前,孔子学院遭受抵制的一个重要原因,就是因为没有明确中国现代文化的内涵,过度强调传统文化及其独特性,文化的对抗意识过于强烈;[①] 文化传播只认识到中国文化中的传统文化,过多强调中国传统文化的独特性,忽视了发掘不同文化中的共同元素,缺少与其他文化的交流和互通。因此,在孔子学院办学实践中,有关人员应科学认识孔子学院的符号意义,解析孔子学院遭受少数人群抵制的多层次文化原因,厘清孔子学院与中国现代文化的关系,借助孔子学院向世界展示中华文化辉煌成果的同时,向世界展现中华民族的精神气质和文化风貌。

(五)合作模式单一,分布不够合理

截至2018年,我国已经在154个国家开设了548所孔子学院和1 193所孔子课堂,覆盖了亚洲、欧洲、非洲、美洲和大洋洲的诸多国家。经过十余年的发展,多个孔子学院在全球范围内被迅速设立。但是,进一步分析孔子学院(课堂)分布的国家会发现,孔子学院(课堂)多分布在发达国家和地区:美洲(尤其是美国)、欧洲(尤其是英国、法国等国家)孔子学院数量多、密度大、覆盖面广;发展中国家和地区(如非洲、中亚、东欧等地区)分布较少、密度小、辐射范围小。整体上看,"一带一路"沿线国家孔子学院数量少、密度低,这与我国当下及未来开展"一带一路"经贸、文化、政治交流与合作的需要并不

[①] 张景全,张华威. 从孔子学院看中国文化的世界性重构[J]. 华夏文化论坛,2017(1):282-288.

匹配。

根据《孔子学院章程》，孔子学院的设立主要包括总部与申办方合作（即中外合作）、总部直接投资和总部授权特许经营三种方式。其中，中外合作是孔子学院最主要的设立方式，涵盖四种形式：中外高校合作设立、中外高校与跨国公司联合设立、中国高校与外国政府合作设立、中国高校与外国社团机构合作设立。其中，中外高校合办孔子学院，在全部孔子学院中占比超过90%。[1] 中外高校合作设立孔子学院，可以有效利用双方资源和教学管理经验，在招生、教学管理、教学实施、培养的规范性、教学质量评估等方面具有先天优势。随着我国国际影响力日益提升，越来越多的跨国公司希望"走进来"，中方公司迫切希望"走出去"，孔子学院与企业合作办学有利于培养对口人才，为相应地区和行业提供对口服务和支撑。但现阶段，我国孔子学院办学模式较为单一，限于中外高校合作的办学模式难以为双方开展进一步合作提供直接帮助。

（六）运营机制规范缺乏，资源整合力度不足

当前，孔子学院运营管理面临的一个突出问题在于尚未厘清国家各部委、各级地方政府与孔子学院的关系。作为一个由我国多个部门共同打造的文化品牌，国家各部委及地方各级政府的关系尚未理顺，各部门间的职能、权限仍有交叉，部门间缺乏必要的协调配合机制，相应的保障性制度和规范尚未出台，导致相应举措与国际文化市场运作机制不相匹配，实际运作中无法充分激发各部门的活力。在制度建设上，由于孔子学院的建设速度较快，其管理模式、海外布局尚未经过科学论证，

---

[1] 林杰，张曼. 对西方少数学者质疑孔子学院"学术自由"的驳论[J]. 比较教育研究，2016，38（3）：1-7.

管理缺乏规范性，各项管理制度、建设规划、质量标准体系有待进一步制定出台。

孔子学院运营管理面临的另一个突出问题在于资源整合力度不足，无法吸引足够外部资金，资金运营水平有待提高。《孔子学院章程》规定，对新开办的中外合作设置孔子学院，中方投入一定数额的启动经费。年度项目经费由外方承办单位和中方共同筹措，双方承担比例一般为1∶1左右，孔子学院中方所提供经费实行项目制管理。然而，当前存在的问题在于，现有财力投入同汉语国际推广事业的快速发展不相适应。现在每建设一所孔子学院，国家会拨款10万美元作为启动资金，用于孔子学院的场馆建设与设备购置。但这与发达国家在语言传播上每年动辄十几亿美元的经费投入相比，差距甚大。每年的运营经费是按照孔子学院申报项目拨款的，没有日常运作资金。经费保障机制的不完善造成开展项目少的孔子学院产生了运营上的困难，在很大程度上削弱了文化推广的力度。[1] 定位为"非营利教育机构"的孔子学院对社会资本流入的吸引力不足。在部分地区孔子学院（课堂）开设数量多、密度大，活动、课程同质性高。然而，各学院之间交流匮乏，资源共享程度低，造成了许多财物资源的浪费。在"一带一路"沿线国家和地区，孔子学院的发展资金主要来源于总部投入、外方合作单位投入和社会捐赠，主要面临的问题包括国家投入不足、发展中国家的合作单位基础较弱、企业等社会力量投入少等。[2] 如何提高资源整合水平是推动孔子学

---

[1] 喻国明，杨雅. 中国话语传播"走出去"的关键性问题——以孔子学院文化传播的影响因素为例［J］. 对外传播，2017（1）：48-50.

[2] 詹海玉."一带一路"背景下的孔子学院发展策略探讨［J］. 河北师范大学学报（教育科学版），2017，19（6）：121-125.

院内涵式发展的重要议题。

总体上看，孔子学院在全球内发展迅速，开展了各种形式的文化活动，通过"汉语桥"中文比赛、"孔子学院日"等品牌活动吸引了世界人民的关注。汉语考试参考人数逐年增加表明世界"汉语热"仍在持续，我国汉语推广取得非凡成就。当然，孔子学院在发展过程中也暴露了在自身定位、运营管理、全球布局、文化传播模式、传播内容等方面的问题。近年来，我国陆续提出了"一带一路"倡议、"人类命运共同体"等论断，为我国进一步开展国际交流，促进世界和谐发展提供了机会。在此背景下，如何推进孔子学院转型发展，发挥孔子学院在推广汉语、传播中华文化方面的独特作用是当前值得学术界予以关注的重要课题。

第三节　促进孔子学院和孔子课堂特色发展的政策走向

自第一所孔子学院成立以来，孔子学院办学规模持续扩大，在全球范围内形成了广泛影响。进入新的发展时期，提质增效应该作为孔子学院最重要的发展理念和目标追求。本节基于《中国教育现代化2035》对促进孔子学院和孔子课堂特色发展的部署和要求，结合我国孔子学院和孔子课堂建设的其他相关政策文本，针对当前孔子学院和孔子课堂建设中存在的问题，就如何促进孔子学院和孔子课堂特色发展的政策作解读。

一、优化办学布局，促进协同发展

优化办学布局就是优化孔子学院全球布局，使孔子学院和孔子课堂的结构更加合理。而促进协同发展则在于通过建立区域孔子文化交流中心等措施提升区域内孔子学院资源共享水平，提升孔子学院协同发展能力。总体来看，孔子学院以往的发展更多采用各自为战的文化传播战术，一定程度上削弱了各孔子学院间的交流合作，不利于协同发展。如今，孔子学院已经进入发展的稳定期，应更加注重布局、结构的合理性，充分发挥各孔子学院的特色，促进区域协同发展。

在原有孔子学院布局的基础上，依托现有资源建立孔子学院区域文化交流中心或孔子学院区域联盟，加强对孔子学院的区域管理。区域联盟具有区域内管理和监督职能，还肩负着统合整理区域内资源的功能。一方面，通过区域联盟发挥区域管理职能，对区域内各孔子学院进行指导，促进区域间的交流与合作。另一方面，依托区域中心可以充分发挥各区域的主体作用，实现区域内孔子学院的合作与交流，在区域范围内各个孔子学院建立相对独立而又统一的课程设置、学分互认管理体系，有助于提升区域活力，提高资源共享水平和协同发展创新能力。

二、明确目标定位，拓展办学功能

作为我国汉语国际推广的品牌项目和主要推广机构，孔子学院不仅承担着对外汉语教学的任务，更发挥着推动中外文化交流和传播的重要作用。在实际运行过程中，如果忽视了孔子学院作为文化传播机构的性质，忽视了中华文化的特性与共性，忽视了孔子学院在促进多元文化交流、促进文化互通的作用，将中华文化简单化、片面化地传播，这显然是与孔子学院自身定位不匹配的。因此，孔子学院应该准确定位，孔子学院既是国际汉语的推行者，中华文化的传播者，也是中外文化交流的参与者，通过各类课程、文化活动让海外民众真正认识中华传统文化及其背后蕴含的人文精神，了解现代中国人民的奋斗精神和文化追求。

孔子学院应在科学定位的基础上，坚持服务当地、互利共赢的原则，充分发挥孔子学院作为综合文化交流平台的作用，促进各国人民和不同文明之间的交流互鉴，努力为当地经济、教育、文化发展提供服务。孔子学院要主动适应我国公共外交和人文交流的需要，紧跟时代发展脉络，着眼当地实际情况，创新教育教学方式，突出特色，在推动中国语言文化走向世界的同时，为促进文化交融、民心相通作出应有的贡献。孔子学院应发挥人才培养功能，服务国家战略需求。国家有关方面鼓励有条件的学校、地区积极开展"一带一路"沿线国家孔子学院和孔子课堂建设，通过汉语教师和汉语教学志愿者培训、汉语水平考试、汉语教材编写出版、"汉语桥"中文比赛、"孔子学院开放日"等活动，在海外高校、中小学、社区推广汉语，传播中国文化，增进"一带一路"

沿线国家民众对中国语言文化的了解和文化互信，促进我国与"一带一路"沿线国家的教育、文化交流合作，为我国与"一带一路"沿线国家开展更广泛的合作奠定扎实基础。①孔子学院要大力培养本土双语翻译人才、专业研究人才和职业技能型人才，为中外企业合作提供商业资讯和语言服务，开设针对性的语言文化课程，提升员工语言能力，为中国与相关国家开展更深入的人文交流、经贸合作等提供信息咨询服务等。②

三、加强师资队伍建设，健全人力资源体系

推动孔子学院可持续、内涵式发展离不开高素质的人力资源体系。健全人力资源体系，就是要建立和完善孔子学院院长、教师、志愿者及本土教师培养的长效机制，推动院长职业化发展，教师、志愿者专业化发展，提升师资队伍总体素质。截至目前，作为汉语教学和中国文化传播的全球性实体网络，孔子学院自身的专业化人才队伍建设显得尤为重要。

在人才队伍建设方面，加大对孔子学院中方院长与汉语教师选拔与任职的政策支持。根据承办孔子学院的规模和人员数量的基本需求，制订外派队伍建设规划，把孔子学院外派队伍建设与师资队伍建设、干部队伍建设有机结合起来，依托孔子学院平台，锻炼师资队伍和干部队伍，开阔国际视野，提升跨文化交流的意识和能力。推动院长专业化、职业化发展，明确相关部门在孔子学院人员选派中的责任和义务，适当增加教师编制，进一步提高孔子学院外派人员的待遇，切实为他们解决

---

① 刘宝存. "一带一路"战略中基础教育何为 [J]. 人民教育，2017（12）：49-52.
② 李宝贵. 新时代孔子学院转型发展路径探析 [J]. 云南师范大学学报（哲学社会科学版），2018，50（5）：27-35.

后顾之忧。①扩大志愿者选拔范围和规模，建立后备志愿者人才库，提升志愿者待遇水平。注重从优秀志愿者中选拔、培养专职国际汉语教师和管理干部。依托国内高校建设教师培训、推广基地，与海外高校合作设立汉语师范专业，培养一批专业的本土汉语教师。加强非通用语小语种人才的培养，结合国家战略需要建设相应学习网络平台，加大对非通用语小语种国际汉语硕士的培养力度，建立汉语国际教育硕士海外实习制度，为我国对外交流培养一支高素质、掌握教育和管理技能、具备跨文化交流能力的复合型人才队伍。

四、深化教学内容改革，促进特色发展

促进孔子学院和孔子课堂特色发展要从提供同质化的汉语基础教学转变到差异化的中文特色教学，鼓励各地孔子学院和孔子课堂，根据汉语教学大纲，结合当地学员的需求、当地文化特点和孔子学院具体运行情况，开发多样化的特色课程，以满足当地学员多元、差异化的文化需求。鼓励兴办以商务、中医、武术、烹饪、艺术、旅游等教学为主要内容的孔子学院；一些国家的孔子学院实行汉语教学、文化交流和职业培训并举，帮助学生既学习汉语言文化又提高职业技能。促进孔子学院（课堂）办学与所在国的国民教育体系相结合，与学生未来职业发展相结合，与帮助各国学生来华留学相结合，切实提高孔子学院的办学实效，增强吸引力。

在推动国际汉语课程标准和国际汉语教材编写指南的同时，鼓励各地孔子学院根据各国特色、文化特点和传统，对经典、知识性强、通用

---

① 张晓慧. 论中国大学对孔子学院发展的支撑能力建设［J］. 国际汉语教育（中英文），2017，2（3）：5-9.

性强的汉语文化教材进行改编，开发具有当地特色的辅导用书、教具、课件等。针对幼儿、少年、成人等受众的不同需求开发具有针对性的教材，形成各具特色的教材资源体系。加强对汉语教师和志愿者的教学培训，提升其使用教材进行创新教学的能力，创新教学教法。加强教学案例库建设，为教师间的交流搭建可靠平台，鼓励教师和志愿者克服文化差异带来的障碍，探索当地学员易于接受的教学方式。深入挖掘中华文化的内涵和外延，提高课程质量。在孔子学院稳步发展时期，应更加重视提升课程质量，不局限于满足外国学生的"文化猎奇"心理。应挖掘中国传统文化及现代文化的内核，在主动适应我国公共外交、文化交流需要的基础上，强调中华文化独特性的同时，融合当地文化，以当地学员可接受的方式传播现代中国文化，避免文化冲突。

五、创新传播方式，加强网络孔子学院建设

在把握大方向的前提下，各孔子学院因时、因地、因势制宜，转变传播理念，充分发挥主体性和创造性，创新文化传播方式，倡导精准传播、一国一策、一校一策。针对不同的人群采取不同的文化传播策略，做到精准化传播。具体而言，就是要针对每个对象国，深入开展调查研究，倡导一国一策，制订实用性的国际传播方案，开展针对性强的国际传播。传播中既讲究区域协同，又强调国别差异；既讲究长期谋划，又强调因时而动；既讲求立场稳定，又要求策略灵活，努力做到因国而异、因时而异、因事而异。[①]在具体的场域选择方面，可以依托品牌活动，根据不同的文化活动来选择不同的场域，并善于根据和利用所在地

---

① 胡正荣. 国际传播的三个关键：全媒体·一国一策·精准化 [J]. 对外传播，2017（8）：10-11.

不同的场域来设计和开展各类不同的文化活动。传播中注重加强中外人文交流与互动。孔子学院可以根据当地需要设立中华文化展示体验区和图书角，推广中华文化优秀产品，举办各具特色的文化活动，积极介绍中国历史、文化和发展实践，充分发挥孔子学院作为综合文化交流平台的作用，借鉴和吸收外国优秀文化成果。

国家有关方面应加强网络孔子学院建设。增加多语种频道和栏目，建立中国语言文化国际传播数字平台，帮助世界各国汉语学习者用母语上网学习，鼓励和支持各国孔子学院开展远程教学。建设国别化、差异化的网络孔子学院，丰富在线课程资源，满足不同地区受众的多样化需求。促进网络孔子学院与国外主流社交媒体的融合协同发展，完善授课教师资格审核机制，建立健全课程反馈、考核认证和线上互动机制，改善界面和平台设计，为学员提供个性化的学习方案。总的来说，即在充分了解受众需求和期待水平的基础上，积极开展多样化的、独具特色的文化活动，综合运用网络、技术手段实现文化传播的跨时空性，充分保持孔子学院文化活动的活力和对受众的吸引力。

六、深入实施"孔子新汉学计划"

大力推广"孔子新汉学计划"，培养一批知华、友华的高层次人才。通过资助课题研究、攻读学位等方式，吸引各国优秀青年来华考察访学，推动在世界著名高校设立中国学教席，资助国外介绍中国的优秀著作和译著出版，支持各国孔子学院举办中华文化研究学术会议等活动。在有能力的孔子学院设立研究基金，将有学术能力的孔子学院上升为智库，建立区域性的孔子学院智库联盟，加强孔子学院与当地高等院校的科研合作。适当扩大留学生招生规模，增加招生专业，在高校成立跨学科导师团队，为来华高层次人才提供跨学科指导和个性化培养方案。创新高校管理机制协同创新，将孔子学院建设纳入学校总体发展规划和重点工作，推动"孔子新汉学计划"可持续发展。

七、深化运营机制改革，提升资源整合能力

在提升孔子学院规模、体量的同时，积极推动孔子学院管理体制转型，变粗放式管理为精细化管理，健全中外合作运行机制，完善管理制度，提升管理水平。[①] 在资金管理方面，应在发挥国家财政资金主导作用的基础上，建立健全多渠道集资的孔子学院经费投入机制，积极拓宽资金渠道，鼓励和吸引海内外企业、个人和其他社会力量对孔子学院给予资金支持。完善孔子学院资金管理制度，加强对孔子学院项目中资金的检查、审计与绩效评估。完善理事会制度，充分发挥理事会对孔子学院工作的指导和监督作用。建立"总部—区域—孔子学院"的三级治理体系。[②] 孔子学院总部对各孔子学院的管理应在尊重各孔子学院独立性的基础上实现有效监督，以《孔子学院章程》为统领，协同发展，实现整个孔子学院系统的可持续发展。此外，应在孔子学院系统中引入竞争机制，建立健全质量考核评估体系，由总部或区域孔子学院联盟定期或不定期对各孔子学院（课堂）进行考核评价，考核通过即获总部更多资源投入，享有相应的优势，为考核不合格的孔子学院提供支持和指导，淘汰多个周期内考核不合格的孔子学院。只有充分完善运营管理机制，才能激发孔子学院系统的活力，提高成员的主体性和积极性，为孔子学

[①] 李宝贵. 新时代孔子学院转型发展路径探析［J］. 云南师范大学学报（哲学社会科学版），2018，50（5）：27-35.

[②] 孔子学院总部. "孔子新汉学计划"的回顾与展望［J］. 孔子学院，2017（1）：66-68.

院提质增效奠定制度基础。

教育行政部门应进一步转变政府职能，变划桨为服务，以发挥更有效的作用，调整好管理和服务的尺度，平衡管理与服务职能。一方面，在大方向上对孔子学院的发展提供指导，具体操作层面则鼓励孔子学院发挥主体性。保障孔子学院办学的自主权，做好统筹协调工作，理顺孔子学院的内外关系。另一方面，改变介入和管理方式，变直接管理为间接管理。完善体制机制、规章规范建设，统筹各部门关系，合理划分权责，为孔子学院的发展创造有利的制度环境，为其持续发展激发内在驱动力。①

除了完善运营管理体制外，还应注重提升孔子学院的资源整合能力。所谓资源整合，即在孔子学院建设与发展过程中，将不同类型的资源进行选择、汲取、置换与配置、激活与融合的过程，既包括从孔子学院系统外部获取资源的宏观战略层次，又包括孔子学院系统内部资源优化配置、深度融合的微观层次。②针对外部资源整合，应基于自身定位及各孔子学院特色，明确主要资源来源，如政府、企业、其他社会机构等。在此基础上，针对孔子学院的发展和活动推广等开展广泛的讨论，考虑资源投入方、受众、活动推广方等各方利益，建立互利互信的利益共同体，兼顾孔子学院的公益性和社会性。此外，建立区域孔子学院联盟，促进区域内部资源共享、资源整合，厘清总部与各孔子学院的关系也是优化孔子学院系统内部的资源整合，促进孔子学院内涵发展、特色发展的重要途径。

---

① 王彦伟. 非营利组织全球文化治理功能的实践——以孔子学院项目为例［J］. 中国非营利评论，2017，19（1）：148-164.
② 宁继鸣. 孔子学院研究年度报告（2018）［M］. 北京：商务印书馆，2018：66.

第八章　稳妥推进境外办学

境外办学是我国教育对外开放的重要组成部分，在实现教育现代化和推进社会经济发展方面具有重要意义。《中国教育现代化2035》明确指出，积极稳妥推进职业学校、高等学校与企业共同"走出去"，共建一批人才培养、科技创新和人文交流基地。境外办学已成为我国教育对外开放的重要政策，本章主要探讨境外办学的内涵和意义，总结境外办学取得的进展和存在的问题，分析境外办学的政策走向。

第一节　境外办学的内涵和意义

为研究境外办学的相关问题，需要先明晰境外办学的内涵和意义，即先解决"境外办学是什么""为什么开展境外办学"的问题。

一、境外办学的内涵

根据2002年12月教育部颁布的《高等学校境外办学暂行管理办法》（2015年11月废止），高等学校境外办学是指高等学校独立或者与境外具有法人资格并且为所在国家（地区）政府认可的教育机构及其他社会组织合作，在境外举办以境外公民为主要招生对象的教育机构或者采用其他形式开展教育教学活动，实施学历教育、学位教育或者非学历高等教育。2019年发布的《高等学校境外办学指南（试行）》对高等学校境外办学进行了重新界定，即境外办学指高等学校独立或者与境外政府机构、具有法人资格并为所在国家（地区）政府认可的教育机构及其他社会组织合作，在境外举办以境外公民为主要招生对象的教育机构或者采用其他形式实施高等学历教育的教育教学活动。根据我国教育机构境外办学的实践，目前，境外办学活动除了高等教育领域外，还涉及职业教育领域。基于以上分析，在我国的语境下，境外办学是指中国教育机构独立或与境外政府机构、具有法人资格且为所在国家（地区）政府认可的教育机构及其他社会组织合作，在境外举办以境外公民为主要招生对象的教育机构或者采用其他形式开展教育教学活动，实施学历教育、学位教育或者非学历教育。在这一定义中，需要强调的是境外办学主体具有涉外性，即境外办学应该是中国境内的教育机构在中国境外和其他国家（地区）的教育机构合作或独立的办学活动，排除中国教育机构之间、中国教育机构和中国教育机构海外分校之间的办学活动。[①]

加拿大学者简·奈特（Jane Knight）将境外办学的形式分为国际分校（international branch campuses）、联合机构（cofounded institutions）、特许经营大学（franchise universities）、远程教育（distance education）和办学项目（programs）等五种形式，其中办学项目又包括双联课程（twinning）、特许课程（franchise）、联合/双/多学位课程（joint/double/multiple degree）三种形式。[②] 结合当前我国教育机构境外办学的实践，

[①] 陈慧荣. 高等学校境外办学概念框架研究——基于境外办学规范发展的视角[J]. 重庆高教研究，2020，8（5）：79-90.

[②] Jane Knight. Transnational Education Remodeled: Toward a Common TNE Framework and Definitions[J]. Journal of Studies in International Education, 2016, 20（1）: 34-47.

我国教育机构境外办学主要有四种形式，即境外分校、联合机构（二级学院）、办学项目和培训中心（教学点）。其中境外分校是指中方教育机构海外独立办学，提供课程并颁发学位证书，如厦门大学马来西亚分校、老挝苏州大学等。联合机构又称二级学院，主要是指我国教育机构与境外合作者合作设立的非独立法人的机构，其中境外合作者主要是指境外的政府机构、教育机构或其他社会组织，如云南财经大学曼谷商学院，它在办学中并未对土地、房产、基础设备进行大量的资金投入，而是依托外方合作伙伴泰国兰实大学，后者对曼谷商学院开放了所有的教学设备，并为曼谷商学院配备了专用设施。办学项目主要是指我国教育机构与境外合作者在学科、专业、课程等方面展开合作，如金边皇家大学中文本科项目（2010年云南大理学院与柬埔寨皇家大学合作设立）。培训中心（教学点）主要是我国教育机构在境外从事非学历教育，如无锡商业职业技术学院柬埔寨西港特区培训中心。

二、境外办学的意义

改革开放以来，我国教育机构在境外办学成为我国教育对外开放事业的重要组成部分，同时也是我国教育国际化的重要内容，更是新时代我国教育机构"走出去"、推进中外人文交流、共建"一带一路"、服务党和国家工作大局的重要途径，[①] 对我国社会发展具有重要的意义。

（一）有助于配合企业"走出去"，支持"一带一路"建设

《高等学校境外办学指南（试行）》（2019年版）中第十一条规定，境外办学要注重为中国"走出去"的企业培养合格人才。企业是"一带

---

① 姜泓冰. 高校境外办学研讨会举行 [N]. 人民日报，2018-07-04（12）.

一路"倡议实施的重要市场主体,我国企业在"走出去"过程中需要具备一定海外工作经验和专业知识技能的综合性人才。我国教育机构尤其是高等教育机构要积极服务国家"一带一路"倡议,瞄准《中国制造2025》规划重点产业的国际化布局,与企业加强合作,了解分析并精准对接输入国当地市场的现实需求,加快专业结构调整步伐,[①] 开发与国际标准对接的专业教学标准和课程体系,响应《中国制造2025》倡议,配合国际产能合作,助推中国企业"走出去"。要根据我国企业在境外发展对人才的现实需要,为其培养充分了解输入国当地相关法律政策与文化习俗且助力企业适应国外市场环境的综合性人才以及专业技术性人才,为我国境外企业的发展提供人才支撑,从而支持"一带一路"建设。

(二)有助于传播中华文化和中国经验,增强中国软实力

随着我国综合国力的提升,世界上越来越多的人开始关注中国及中国文化,教育机构尤其是大学作为民族文化的重要载体,在文化的传承、交流方面起到十分重要的作用。我国教育机构境外办学是我国教育文化"走出去"的重要环节和抓手,通过在输入国或地区开展境外办学,系统展示中国的教育理念、教学内容和教育标准,有利于传播中华文化、弘扬友好合作精神、推广汉语教育,从而使世界人民了解中国,传播中国经验,正确表达中国诚意,为我国全面发展注入新的生机与活力,提升我国在国际竞争中的软实力。

(三)有利于我国高等学校拓展海外市场,提高全球竞争力

拓展海外市场是我国高等学校面向全球发展的内在要求。随着我国

[①] 薄云,陈武元. 高校境外办学特点、趋势与推进策略[J]. 中国高等教育,2019(9):47-49.

逐渐进入老龄化社会，少子化现象会越来越普遍，生源减少这一因素最终会冲击高等教育。①对于快速发展中的我国高校，尤其是部分致力于国际化办学的重点高校更应主动谋划，积极开展境外办学活动。在充分了解办学输入国或地区情况特点的基础上，优先开设具有我方优势及特色的学科，打造专业特色亮点和知名品牌，切实维护我国高等教育的质量标准和信誉。吸引境外生源，有利于拓展海外教育市场，带来新的发展空间，在高等教育全球化竞争中抢得先机，②从而有利于提升我国高校的综合实力，参与全球竞争。

（四）有助于拓展我国高校的办学空间，提升高校国际声誉和形象

我国境外办学高校要将优势专业整合包装，形成一定的品牌，并对接输入国或地区当地的需求，充分发挥"鲶鱼效应"，惠及当地发展。这有利于我国高校获取输入国或地区政府土地和资金等方面的支持，赢得学生和家长的认可和信任，招收优质生源，并在吸引世界一流教师队伍等方面具有优势，能在激烈的市场竞争中处于有利地位，从而有助于拓展我国高校的办学空间。同时，我国高校境外办学有利于盘活我国优质教育资源，提高利用率，将其辐射功能最大化，增强在世界上的知名度，从而有利于提升我国的国际声誉和形象。

---

① 鄢晓. 我国高校境外办学的动因分析和对策建议［J］. 高校教育管理，2016，10（3）：66-70.
② 郭强. "一带一路"倡议下我国高校境外办学路径研究［J］. 教育评论，2019（3）：28-32.

第二节　境外办学取得的进展与存在的问题

我国教育机构境外办学始于20世纪80年代,至今,经过40余年的发展已取得了一定的成效,从最初的校际专业合作教学、师资互访和学生联合培养逐步发展到境外办学项目再到境外办学机构,覆盖了职业教育领域和普通高等教育领域等我国教育的全领域,且办学范围逐渐扩大、办学模式逐渐多样。然而,我国教育机构境外办学仍然存在一些亟待解决的问题:缺乏全局性的引领政策、对境外办学认识的偏差、我国教育机构的输出能力有待提高、缺乏对目标市场办学信息的有效了解等。

一、境外办学取得的进展

我国教育机构赴境外办学是改革开放后的新生事物,是随着我国教育体制改革、经济"走出去"以及我国高等教育实力的增强而逐步产生和发展的。改革开放后,我国教育机构境外办学虽然起步较晚,但取得了较大发展,尤其是党的十八大以来,境外办学实现了历史性突破,覆盖了职业教育领域和普通高等教育领域,并且更加注重内涵式发展,其进展主要体现在以下方面。

(一)境外办学成为我国教育对外开放战略的重要构成

改革开放以来,境外办学的战略性地位不断突显,逐步成为我国教育对外开放战略的重要构成。改革开放至20世纪末,高等学校办学自主权的逐步扩大与确立为高等学校境外办学创造了前提条件。1985年5月发布的《中共中央关于教育体制改革的决定》指出:在教育事业管理权限的划分上,政府有关部门对学校主要是对高等学校统得过死,使学校缺乏应有的活力;改革管理体制,在加强宏观管理的同时,坚决实行简政放权,扩大学校的办学自主权。1993年2月,党中央、国务院印发的《中国教育改革和发展纲要》明确提出,在政府与学校的关系上,要按照政事分开的原则,通过立法,明确高等学校的权利和义务,使高等学校真正成为面向社会自主办学的法人实体。自1999年1月1日起实施的《中华人民共和国高等教育法》提出,国家鼓励和支持高等教育事业的国际交流与合作。高等学校按照国家有关规定,自主开展与境外高等学校之间的科学技术文化交流与合作。该法的实施,使作为与境外高校开展交流与合作的途径之一的高等学校的境外办学活动具备了法理基础和法律依据。在教育体制改革的推动下,我国高等学校开始尝试境外办学。1988年,南京中医药大学在葡萄牙和挪威开设中医专业;1992年,上海交通大学与新加坡华夏管理学院合作开展工商管理硕士研究生项目;北京中医药大学设立日本继续教育项目。这些作为我国高校较早运作的境外办学项目正是教育体制改革后高等学校办学自主权扩大的直接体现。

世纪之交,我国赴境外办学的条件越发成熟。经过改革开放20余年的发展,20世纪末,我国经济总量居全球第7位,我国国民经济和综合国力迈上新的台阶,我国经济"走出去"步伐明显加快。1995年启动的"211工程"和1999年启动的"985工程"推动我国高等教育实现了快速发展,高等教育办学实力和国际影响力明显增强。2001年12月,我国加入了世界贸易组织,赴境外办学是我国开展教育服务贸易的有效载体和重要内容。2002年11月,党的十六大报告强调,坚持"引进来"和"走出去"相结合,积极参与国际经济技术合作和竞争,不断提高对外开放水平。党的十六大对包括境外办学在内的"走出去"战略的实施提出了明确要求。在此背景下，2002年12月，教育部发布《高等学校境外办学暂行管理办法》(以下简称《办法》)。这是我国第一部在境外办学领域出台的部门规章，也是我国第一个对境外办学进行系统规范的政策性文件。《办法》对我国境外办学的内涵、方针、申请与审批进行了具体规定。教育部在《2003—2007年教育振兴行动计划》中强调，加强其他中国特色学科和优势学科的对外教学工作，鼓励有条件的教育机构赴境外办学。2010年发布的《国家中长期教育改革和发展规划纲要（2010—2020年）》亦明确提出，推动我国高水平教育机构海外办学，加强教育国际交流，广泛开展国际合作和教育服务。

以党的十八大召开为标志，我国境外办学的战略性地位被不断赋予新的内涵。党的十八大报告明确提出，支持中国文化"走出去"，加强软实力建设。党的十八大报告从支持中国文化"走出去"的角度对境外办学提出了新的要求。2013年起实施的"一带一路"倡议则从更广的角度赋予了境外办学新的战略使命。2016年发布实施的《关于做好新时期教育对外开放工作的若干意见》针对新时期的境外办学明确指出，鼓励高等学校和职业院校配合企业"走出去"，鼓励社会力量参与境外办学，稳妥推进境外办学，为新时期境外办学的发展方向提出了明确意见。2017年党的十九大报告关于新时代的科学论断以及关于对外开放和人类命运共同体建设的系列观点对境外办学提出了新的更高的要求。2019年，《高等学校境外办学指南（试行）》的发布标志着国家对高等学校境外办学活动由行政审批的直接管理转向政策指导的间接管理，高等学校境外办学迎来自我发展和自我约束的新阶段。

（二）境外办学领域不断拓展

起初，我国教育机构的境外办学活动主要集中于普通高等教育领域，办学主体亦以普通高校为主。进入21世纪，尤其是"一带一路"倡议实施以来，境外办学逐步向职业教育领域拓展，办学主体由普通高校的单一主体向普通高校、企业、职业教育学校等多元办学主体转变。在职业教育领域，2011年，无锡商业职业技术学院为配合江苏红豆集团在柬埔寨建设西哈努克港经济特区的需要，在柬埔寨成立了培训中心，在当地培训满足我国企业发展需要的柬埔寨员工，实现了职业教育境外办学的零突破。2012年，顺德职业技术学院在马来西亚建立顺峰烹饪学院。2014年，中等职业教育"走出去"办学的首例中罗（德瓦）国际艺术学校建立。[①] 2016年，天津渤海职业技术学院在泰国建成我国首个境外"鲁班工坊"，被誉为职业教育领域的"孔子学院"。

（三）境外办学初具规模

进入21世纪，尤其是党的十八大以来，我国境外办学发展迅速。2011年7月，老挝苏州大学成立。该校是我国政府批准设立的第一所境外大学，是由苏州大学投资创办，在老挝注册并由苏州大学控股的独立法人高校。2012年，厦门大学马来西亚分校建立。2013年，中国企业首创置业在法国夏斗湖市投资建立中法国际大学城，旨在促进中国大学"走出去"和中法教育交流与合作。同年，云南财经大学曼谷商学院成立。2014年，同济大学佛罗伦萨校区、浙江大学帝国理工联合学院设立。2015年，北师大—卡迪夫中文学院、北京语言大学东京学院和清华大学全球创新学院建立。2017年，北京大学汇丰商学院牛津校区建

[①] 何新哲，石伟平. "一带一路"背景下中等职业教育"走出去"办学的实践探索与启示［J］. 现代教育管理，2018（5）：93-97.

立。截至2018年6月，全国21个省、自治区、直辖市的84所高校开展128项境外办学活动，即21省市84所高校与境外39国62所高校、8个研究所、5个企业集团或基金会开展128个项目（机构），其中项目116个、机构12个（专科层次2个、本科及以上层次10个）[①]。

在职业教育领域，我国教育机构境外办学的主要表现形式是"鲁班工坊"。2016年，天津渤海职业技术学院在泰国建成我国首个境外"鲁班工坊"。按照"一国一坊"的原则，截至2019年4月，我国教育机构已在泰国、英国、印度、印度尼西亚、柬埔寨、巴基斯坦、葡萄牙、非洲吉布提等8个国家建立了8个"鲁班工坊"，且已累计为相关国家和地区培训培养学生4 000余人次，培训教师600余人次，得到了合作国家的高度重视和广泛好评。2019年3月，天津轻工职业技术学院、天津交通职业学院和埃及艾因夏姆斯大学在开罗签署合作备忘录，三校将共建埃及"鲁班工坊"。此外，埃塞俄比亚、尼日利亚、南非等国亦将设立"鲁班工坊"。

（四）境外办学区域不断扩大

我国教育机构境外办学的区域不断扩大。随着我国教育机构境外办学活动的推进，其境外办学覆盖的区域范围亦不断扩大。境外办学起初主要集中在我国周边国家（地区），尤其是东南亚地区。近年来，随着我国教育实力和国际影响力的不断增强，境外办学区域不断向欧美发达

---

① 2个专科机构是顺德职业技术学院马来西亚—顺峰烹饪学院（2012）、中俄旅游学院（2017）。10个本科及以上层次的机构分别是：大连海事大学斯里兰卡校区（2007）、老挝苏州大学（2011）、厦门大学马来西亚分校（2012）、云南财经大学曼谷商学院（2013）、同济大学佛罗伦萨校区（2014）、浙江大学帝国理工联合学院（2014）、北师大—卡迪夫中文学院（2015）、北京语言大学东京学院（2015）、清华大学全球创新学院（2015）、北京大学汇丰商学院牛津校区（2017）。

国家拓展，如意大利（浙江大学帝国理工联合学院）、英国（北师大—卡迪夫中文学院、北京大学汇丰商学院牛津校区）、美国（清华大学全球创新学院、嘉汇教育美国布希学院）、葡萄牙（"鲁班工坊"）。展望未来，伴随着我国教育进入世界教育中心这一进程，我国境外办学区域将继续扩大，为世界教育发展贡献中国智慧和中国方案。

（五）境外办学模式多样化

我国教育机构境外办学活动的不断发展，逐渐形成了多种境外办学模式。根据我国教育机构境外办学的实践发展及主要涉及的主体——教育机构、企业、政府，其办学模式主要有两大类即独立办学和联合办学，其中联合办学主要包括校际合作、校企合作和校府合作三种类型。第一种模式是独立办学，主要是指我国教育机构在输入国建立独立运作的办学机构，如厦门大学马来西亚分校、老挝苏州大学、北京大学汇丰商学院牛津校区[①]。第二种模式是联合办学，包括校际合作、校企合作和校府合作。校际合作主要表现为中国境内教育机构与境外教育机构就某些专业、课程、项目进行合作办学，办学点设在外方教育机构内，[②]如大连海事大学与科伦坡国际航海工程学院于2007年合作建立的大连海事大学斯里兰卡校区。校企合作既表现为我国教育机构随我国企业"走出去"协同在境外开展办学活动，其中"鲁班工坊"是主要表现形式；亦表现为我国教育机构与输入国当地的企业合作开展办学活动，如北京语言大学与日本株式会社ISI（股份公司）合作于2015年建立的北

---

① 北京大学汇丰商学院牛津校区是我国高校第一次在欧洲独资经营、独立管理的实体办学机构。
② 郭强．"一带一路"倡议下我国高校境外办学路径研究［J］．教育评论，2019（3）：28-32.

京语言大学东京学院。校府合作主要指学校与输入国政府合作,如同济大学、佛罗伦萨市政府、托斯卡纳大区政府及意大利环境部四方于2013年共建的同济大学佛罗伦萨海外校区。

二、境外办学存在的问题

自改革开放发展至今,我国教育机构境外办学已取得了一定的进展。然而,总体上看,我国教育机构境外办学尚处于发展阶段,不可避免地存在着系列问题。

(一)缺乏政策引领

2015年,教育部发布《关于废止和修改部分规章的决定》,将2002年12月颁布的《高等学校境外办学暂行管理办法》废止。当前,我国教育机构境外办学处于无法可依的政策真空状态,急需一套具有全局性、时效性、创新性、权威性、针对性的管理办法予以规范并有效引领。境外办学不仅是我国教育机构的自主行为,也在一定程度上代表了我国教育的质量。如果我国教育机构不能把优质的教育资源输送出去,不能适应当地社会经济、文化习俗来开展相应的办学活动,将会影响其境外办学活动的顺利开展,进而损害我国教育的整体声誉和形象。① 目前,我国教育机构境外办学亦涵盖了职业教育领域,尽管职业教育领域的境外办学可以借鉴普通高等教育领域里境外办学的经验,但各教育领域都有自身的特殊性,境外办学过程中也会遇到不同的问题,急需针对性的政策对其引领。

---

① 李淑艳. 我国高校境外办学:特点、问题与推进策略[J]. 高校教育管理,2019,13(1):98-103.

（二）对境外办学认识的偏差

目前，我国对境外办学的认识存在一定程度的偏差，主要表现在部分高校对境外办学的重要性认识不足以及部分境外办学机构（项目）的发展定位不准方面。首先，部分高校对境外办学的重要性认识不足。在合作办学活动中，部分高校注重"引进来"而忽视"走出去"，注重引进发达国家和地区的教育理念、教育资源、管理方式，而忽视"走出去"开展境外办学，忽视通过境外办学培养培训当地人才、推进民心相通，为"一带一路"倡议的实施提供坚实的人才支撑和奠定广泛的民意基础。其次，部分境外办学机构（项目）的办学定位不准。从目前我国教育机构境外办学的实践来看，部分境外办学机构（项目）自身办学定位不准，仅将自身作为国内师生海外培训基地或作为暑期学院的短期合作项目，有违境外办学的初衷，不利于境外办学的长远可持续发展。

（三）我国教育机构的输出能力有待提高

目前，我国教育机构境外办学能力不足主要体现在我国教育机构的国际化程度偏低及资金支撑力度不够两个方面。一方面，我国教育机构的国际化程度偏低，表现为：管理人员的国际化管理素质偏低，学校管理体制机制还未与国际标准完全接轨，未建立起现代学校管理体制和运行机制；尚未建立起具有竞争力的国际化课程体系，学科专业结构尚不合理，课程设置不灵活，未能全面对接社会经济发展的需求；缺乏国际化的师资队伍，尤其是能够满足境外办学需求的教师。另一方面，资金不足也成了制约我国教育机构境外办学的瓶颈。我国教育机构境外办学需要充足的资金保障，包含前期互访、调研、论证、筹备启动资金，后期场租费、人员薪金费、设备采购维护费、交通费、保险费，教师海外授课的"吃住行"与课时补贴等。① 然而，由于受我国现行财务规则的限制，财政资金无法用于境外办学，同时亦加上中资企业无法获得援外经费资助，社会资本缺乏对境外办学投资的动力等原因，我国教育机构境外办学的资金支持远不能满足发展的需要，这亦将进一步增加我国教育机构境外办学的风险。

（四）缺乏对输入地办学信息的有效了解

目前，我国教育机构境外办学面临着严重的信息供给不足、决策咨询力量偏弱的问题。境外办学因对输入地了解不充分，而使自身的可持续发展之路充满危机。境外办学不同于国内，除受生源、就业、教学压力等因素影响外，还容易受到不同教育输入国当地政治、经济、文化、法律、社会制度、宗教信仰等诸多因素的影响。此外，境外办学活动具有在异文化中运作的特殊性质，当地政府、办学方和学生之间易出现信息不对称的情况。部分境外办学活动缺乏初期的风险评估和科学论证，致使办学活动开展后难以为继。加强对输入地办学信息的全面了解和评估，是今后境外办学应予以重视的问题。

---

① 张慧波，祝蕾. "一带一路"倡议下高职院校"走出去"的实践探索与思考——以宁波职业技术学院为例［J］. 职教论坛，2018（2）：125-130.

第三节 稳妥推进境外办学的政策走向

《中国教育现代化2035》明确指出,积极稳妥推进职业学校、高等学校与企业共同"走出去",共建一批人才培养、科技创新和人文交流基地,鼓励有条件的职业院校在海外建设"鲁班工坊"。《中国教育现代化2035》描绘了我国教育机构境外办学的未来发展蓝图。

一、完善境外办学政策

当前我国教育机构境外办学还处于起步探索阶段,办学经验不足,对办学输入方的办学政策、教育机构筹集资金的方式等相关信息缺乏了解。此外,随着全球跨境教育的深刻演变以及我国教育机构境外办学发展形势的巨大变化,境外办学将面临较大风险。适时出台普通高等教育和职业教育领域境外办学有关管理办法、完善境外办学政策已成为当务之急。具体来讲,相关政策应就境外办学的评估论证、资金投入、教师派出、质量保障、退出机制等作出明确规定和安排。如果我国教育机构不能把优质的教育资源输送出去,不能适应当地社会经济、文化习俗来开展相应的办学活动,将会影响其境外办学活动的顺利开展,进而损害我国教育的整体声誉和形象。[①] 通过完善境外办学政策,引导、规范我国教育机构的境外办学活动,推动境外办学步入法制化轨道,有利于保障境外办学的质量,维护我国教育的国际声誉。

---

① 李淑艳. 我国高校境外办学:特点、问题与推进策略[J]. 高校教育管理,2019,13(1):98-103.

二、建立健全职业学校、高等学校配合企业"走出去"机制

《中国教育现代化2035》明确指出,积极稳妥推进职业学校、高等学校与企业共同"走出去",共建一批人才培养、科技创新和人文交流基地。国务院印发的《国家职业教育改革实施方案》也指出,大幅度提升新时代职业教育的现代化水平,深化产教融合,积极协同企业"走出去"。我国要建立健全职业学校、高等学校配合企业"走出去"机制,积极支持职业学校、高等学校配合企业"走出去",加强校企合作,助力我国企业境外发展,充分发挥校企协作境外办学的优势。在此方面,职业学校、高等学校应相互支持、共同发展。一方面,我国境外办学的职业学校、高等学校能为境外企业发展提供本土化人才支持和必要的技术支持。我国职业学校、高等学校配合企业"走出去",能够培养理解两国发展需要、对中国友好、了解中国文化、熟悉中国设备和技术标准的当地技能型人才,可以为企业拓展海外业务提供人才支撑。此外,职业学校、高等学校尤其是职业学校能够为企业提供技术支持。校企协同境外办学,学校需要派遣既懂语言又懂技术的优秀教师赴境外教学,教师在外任教期间同时也能参与企业技术革新与技术难题的解决,为企业提供技术支持。另一方面,企业能够为我国职业学校、高等学校境外办学提供资金支持,降低办学过程中因运营资金不足而面临的财务风险,提高融资能力,进而增强职业学校、高等学校境外办学可持续发展的能力。

三、大力推进"鲁班工坊"建设

《中国教育现代化2035》明确指出,鼓励有条件的职业院校在海外建设"鲁班工坊"。"鲁班工坊"被称为职业教育领域的"孔子学院",

以培养熟悉中国生产技术、产品、标准的技术技能人才为核心，以培养学生的工程思维、工程意识、工程技能为方向。①未来，要继续深化"鲁班工坊"的内涵式发展。在办学定位上，要围绕"一带一路"建设需求，在输出教学标准，讲授专业技术的同时，更要注重教育"走出去"的人文关怀与价值表达，加强国际合作中的话语建设，提升跨文化治理水平。在办学机制上，要实现透明高效的监督评估，继续聚焦服务我国产业"走出去"的产品标准和技术标准课程体系的构建，开发基于双方实践的国际化课程，形成具有中国特色、对接国际标准的专业课程体系。在成果转化上，要强化科研引领，促进"鲁班工坊"成果的深化与交流推广。

四、建立健全境外办学质量保障机制

总体上看，我国教育机构的境外办学还处于探索和初步发展阶段。当前，我国教育正日益步入世界的中心，我国教育机构的国际声誉正处于上升期。坚持高质量、高标准的境外办学，维护我国教育的国际声誉、推进境外办学的可持续发展是我国教育机构境外办学的内在诉求。这就需要我国加强对教育机构境外办学质量的监管，需要建立起境外办学的质量保障体系和运行机制。在此方面，我们可借鉴欧美发达国家在境外办学质量保障方面的有益经验，同时基于我国的国情，建立起政府主导、社会监督、高校自律的境外办学质量保障机制，为我国教育机构境外办学的顺利开展提供质量保障方面的服务与监管。

---

① 苏文萱."鲁班模式"的探究与思考[J]. 高等职业教育（天津职业大学学报），2018，27（4）：68-72.

五、推进境外办学信息平台建设

推进境外办学信息平台建设是实现我国教育机构境外办学可持续发展的必要条件。当前，基于我国教育机构境外办学的发展需要，我们应重点做好以下几个方面的平台建设：建立国家境外办学数据库，对境外办学机构、项目进行统计和归类，对境外办学活动的开展进行综合分析和研判；建立政府、企业、高校多方参与的境外办学信息共享机制，及时了解境外办学需求，实现信息的有效共享与对接；建立境外办学风险评估与预警机制，组建有关团队开展境外办学的风险评估，适时发布境外办学的风险与预警信息，为我国教育机构开展境外办学提供指导；建立境外办学法律咨询平台，为我国教育机构开展境外办学提供法律支持与服务。

第九章　积极参与全球教育治理

党的十九大报告指出，中国秉持共商共建共享的全球治理观。中国将继续发挥负责任大国作用，积极参与全球治理体系改革和建设，不断贡献中国智慧和力量。参与全球教育治理作为全球治理体系改革的重要内容，将引领中国从教育大国向教育强国转变，中国教育将以更加开放和自信的姿态走向世界，走向世界教育舞台的中心。积极参与全球教育治理对于加快教育现代化建设也有着重要意义。积极参与全球教育治理不仅是我国教育对外开放的重要组成部分，还是践行"构建人类命运共同体"庄严承诺的伟大实践，同时也是贯彻落实《中国教育现代化2035》的具体行动。《中国教育现代化2035》提出，开创教育对外开放新格局，积极参与全球教育治理，密切与国际组织的合作关系。由此可见，积极参与全球教育治理已经成为我国教育对外开放的重要政策。本章主要探讨全球教育治理的内涵和意义，总结我国参与全球教育治理取得的进展和存在的问题，分析我国未来参与全球教育治理的政策走向。

第一节　全球教育治理的内涵和意义

积极参与全球教育治理体系建设和改革，需要先厘清和明晰全球教育治理的内涵，即先解决"全球教育治理是什么"的问题。全球教育治理是全球治理在教育领域的延伸，同时也是多边主义背景下教育全球化的产物。在教育全球化背景下，国际组织通过总结归纳各种优秀的教育改革理念和教育改革经验，提出具有普遍性、中立性、有一定约束力的国际公约和教育发展建议，并使其成为不同国家和地区教育政策改革的参考体系。作为多边主义的产物，国际组织对教育的高度重视打破了原有的教育及其体系结构，使其不得不重新调整以适应教育全球化所带来的各种挑战。在应对教育全球化挑战过程中，教育全球化所造就的整体环境与参考体系推动教育逐渐成为全球治理的重要对象。我国积极参与全球教育治理有助于解决全球性问题与挑战，构建人类命运共同体；有助于传播优秀经验，为世界教育贡献中国智慧；有助于扩大我国在国际教育事务中的话语权，提升我国国际影响力；有助于制定与落实国际教育规则，促进国内教育改革与发展。

一、全球教育治理的内涵

治理的内涵。治理理论兴起于20世纪80年代，它的兴起是与政府的失效和市场的失效联系在一起的，是为补充政府管理与市场调节不足而生的一种社会管理模式。[①]所谓治理是指政府组织或非政府组织以及私人组织或个人等各方主体对社会公共事务共同进行协调式管理，以实现预定利益目标的过程与方式。[②]治理理论的主要创始人罗西瑙在其代表作《没有政府的治理——世界政治中的秩序与变革》（Governance Without Government: Order and Change in the World Politics）中将治理

[①] 李景鹏. 中国离"善治"有多远——"治理与善治"学术笔谈[J]. 中国行政管理，2001（9）：15-21.
[②] 周鑫. 公共治理中的中国听证制度改革[J]. 广西社会科学，2004（6）：13-15.

定义为一系列活动领域里的管理机制，它们虽未得到授权，却能有效发挥作用。与统治不同，治理指的是一种由共同的目标支持的活动，这些管理活动的主体未必是政府，也无须依靠国家的强制力量来实现。换句话说，与政府统治相比，治理的内涵更加丰富，既包括政府机制，同时也包括非正式的、非政府的机制。①在众多定义中，联合国全球治理委员会（Commission on Global Governance，简称为CGG）关于治理的定义最具有代表性和权威性：治理是个人、公共或私人机构管理公共事务的诸多方式的总和，它是使相互冲突的或不同的利益得以调和并采取联合行动的持续的过程，既包括有权迫使人们服从的正式制度和规则，也包括种种非正式安排，不管何种方式，它们均由人民和机构同意授予其权力。联合国全球治理委员会于1995年发表的《我们的全球之家》(*Our Global Neighborhood*)报告中概括了治理的四个特征：治理不是一整套规则，也不是一种活动，而是一个过程；治理过程的基础不是控制，而是协调；治理既涉及了公共部门，也包括私人部门；治理不是一种正式的制度，而是持续的互动。②贾恩·库伊曼和范·弗利艾特·莫妮卡也指出："治理的概念是它所要创造的结构或秩序不能由外部强加；它只发挥作用，是要依靠多种进行统治的以及相互发生影响的行为者的互动。"③国内学者俞可平认为治理一词的基本含义是指官方的或民间的公共管理组织在一个既定的范围内运用公共权威维持秩序，满足公众的需要，其目的是在各种不同的制度关系中运用权力去引导、控制和规范

---

① 詹姆斯·奈培·罗西瑙. 没有政府的治理——世界政治中的秩序与变革［M］. 张胜军，刘小林，等译. 南昌：江西人民出版社，2001：5.

② Commission on Global Governance. Our Global Neighborhood［R］. Oxford: Oxford University Press, 1995: 38.

③ 俞可平. 治理与善治［M］. 北京：北京科学文献出版社，2000：10.

公民的各种活动。① 治理可以弥补国家和市场在调控和协调过程中的某些不足，但治理也存在失效的问题，为了克服这些问题，一些学者和国际组织提出了"善治"（good governance，直译为"良好的政府"或"良好的统治"）。概而言之，善治就是使公共利益最大化的社会管理过程，其本质特征是政府与公民对公共生活的合作管理，是政治国家与市民社会的一种新颖关系，是二者的最佳状态。

全球治理的内涵。全球化进程带来的是治理理论的发展与完善。全球化背景下的很多国际问题不能依靠单一的民族国家进行解决，需要多国进行合作参与，即要求传统的国家统治向全球治理转变，相应地，治理理论的内涵与外延变得愈加完善，全球治理理论亦成为治理理论的重要组成部分。联合国全球治理委员会将全球治理界定为：个人和机构团体处理共同事务的总和，不同利益体的矛盾和冲突可以因其得到缓解与调和，并走向合作。罗西瑙指出："全球治理是从家庭到国际组织包括所有层次人类活动的规则系统。由世界上的不同共同体，不同层级的权威中心组成。"② 劳伦斯·芬克尔斯坦则指出罗西瑙对全球治理的定义较为广泛，在他看来，全球治理是超越国家界限的非主权治理，它是一种活动，而非系统。③ 相比之下，劳伦斯·芬克尔斯坦对全球治理的界定更为清晰与具体。国内学者俞可平是国内较早研究全球治理的学者之一，他在《全球治理引论》等论文或著作中阐述了自己对全球治理的理解，并在学界产生了一定影响。俞可平认为，全球治理是各国政府与国

---

① 俞可平. 全球治理引论［J］. 马克思主义与现实，2002（1）：20-32.

② James N. Rosenau. Governance in the Twenty-First Century［M］. Basingstroke: Palgrave Macmillan UK, 2009: 13.

③ Lawrence S. Finkelstein. What Is Global Governance［J］. Global Governance, 1995, 1（3）: 367-372.

际组织为健全和发展新的国际政治和经济新秩序,而确立的处理解决全球政治经济问题的国际规制。其目的是能最大限度地实现共同利益有所增加。[①]当然,俞可平教授对全球治理的研究主要集中在政治和经济层面。

全球教育治理的内涵。基于对上述相关概念内涵的界定,将全球教育治理定义为全球范围内的个人或机构团体,通过正式或非正式的国际规制,对教育领域产生超越国家界限影响和作用的过程与结果。教育被纳入全球治理范畴后,"全球教育治理"作为新兴学术话语进入到学界视野。作为全球治理的子领域,全球教育治理引发了民族国家、政府间国际组织、非政府间国际组织等主体的高度重视。政府间国际组织包括联合国教科文组织、经合组织、世界银行、世界儿童基金会等。其中,政府间国际组织里最有影响力的当属联合国教科文组织,它不但是联合国系统中参与全球教育治理的专门机构,还是全球教育活动的组织者与协调者,为推动全球教育协同发展作出了不可磨灭的贡献。另外,联合国教科文组织的全球影响力还表现在它与成员国和其他国际多边组织的关系:成员覆盖到205个国家和地区(含10个准成员国),与政府间国际组织、非政府间国际组织等保持密切联系,在世界主要大洲和国家均设有办事处或委员会。联合国教科文组织以它在全球构建起的庞大合作网络作为平台,积极参与到全球教育治理进程中去,成为全球教育治理体系的重要枢纽和璀璨明珠。

---

① 俞可平. 全球治理引论[J]. 马克思主义与现实,2002(1):20-32.

二、参与全球教育治理的意义

全球教育治理是全球治理的重要组成部分，是建立和完善国际教育制度的重要助推剂。从全球教育治理的视角来讲，由于教育问题的全球性日益突出和全球教育治理的日益重要，研究和制定国际教育规则，加强与国际教育组织的合作，成为全球化背景下的时代所需。我国参与全球教育治理有助于解决全球性问题，构建人类命运共同体。全球教育治理为各国在教育领域内开展交流与合作提供原则，为各国改革和发展本国的教育事业提供国际参照体系。全球教育治理是全球教育交流与合作的基础，同时也为各国的教育改革与发展提供了指导框架，促进各国教育观念的转变，推动教育思想的进步。我国参与全球教育治理有助于将我国的优秀教育发展经验传播给世界，扩大我国在教育领域的国际影响力。全球教育治理能够推动优秀的教育理念和教育实践成为世界各国学习的全球典范，能够推进教育制度的变革，促进各国教育结构与教育质量的提升。此外，在全球教育治理的推动下，全民教育、终身教育等理念不断地对各国的教育发展产生作用，能够在世界范围内推动教育的普及，提升全民的文化素养。我国参与全球教育治理有助于制定和落实国际教育规则，促进国内教育改革与发展。

（一）解决全球性问题与挑战，构建人类命运共同体

国际组织是全球化进程的产物，已经发展成为不可忽视的力量，一定程度上它也推动了全球化进程的发展。国际组织作为全球教育治理的重要参与主体，在教育国际化领域中的作用日益突出，各国通过国际组织共同探讨和解决全球化背景下的教育问题。联合国教科文组织等国际组织也将教育纳入全球治理的范畴。对于教育国际化在全球化背景下的困境与挑战，联合国教科文组织等国际组织通过制定国际规则和标准等

举措对教育国际化施加影响，对推动全球教育治理发挥了重要作用。总的来说，全球化背景下的教育国际化在创造新机遇的同时，也面临诸多问题与挑战，需要对其进行国际协调，即依靠联合国教科文组织等国际组织平台对教育国际化中出现的质量保证等问题进行超越民族国家层面的全球教育治理。因而，借助联合国教科文组织等国际组织，我国积极参与全球教育治理有助于解决教育领域的全球性问题与挑战。与此同时，积极参与全球教育治理有助于加快扩大我国教育对外开放，大力提升我国教育对外开放水平。作为新时代中国特色社会主义思想的重要内容，推动构建人类命运共同体被写入党的十九大报告。人类命运共同体理念不仅是全球化时代新型国际关系构建的指导思想，同时也为全球教育治理的理论与实践创新赋予新的生命力。在全球教育治理背景下，不断地加强对国际组织的研究，深入开展与国际组织的合作，共同应对全球层面的教育难题和困境成为推动构建人类命运共同体的必然要求。

（二）传播优秀经验，为世界教育贡献中国智慧

随着中国经济的快速发展，整体实力的不断提升，在教育方面也取得了很多突出的成就，积累了很多优秀的经验。作为世界上快速发展的、负责任的大国，在参与全球教育治理进程中，中国将传播优秀的教育经验，为世界教育贡献中国智慧。中国深厚的文化底蕴和思想沉淀是中国参与国际教育规则制定的重要的文化依托。[①] 实际上，在古代，灿烂、辉煌的中国文明已经向世界贡献过重要的教育理念和实践，如有教无类、因材施教、能者为师、教学相长等理念以及科举制度、官学制度等教育实践。如今，中国在全民教育、教师教育、技术教育以及全方位

---

① 冯光. 国际规则制定：中国的责任与担当［N］. 中国社会科学报，2017-11-22（5）.

教育等方面获得了重要成就。联合国教科文组织教育助理总干事尼古拉斯·伯内特曾在接受专访时指出："中国是全民教育运动中的一个领先国家，无论是国内政策成效还是在国际合作方面都走在世界前列。中国在援助教科文组织全民教育运动方面作出了很大的贡献，但更重要的是让国际社会分享中国的经验。"① 作为一个负责任的大国，中国积极参与全球教育治理，有助于将中国优秀的教育经验、中国思想、中国价值以及中国方案贡献给国际社会。中国提供的教育经验对世界各国具有普遍性的参考价值，尤其是对发展中国家在全民教育、教师教育等方面更具有重要的参照意义。除此之外，中国是"一带一路"倡议的发起国，"一带一路"倡议的提出与实践将为沿线各个国家广泛地进行教育交流与合作提供良好的外部环境。

（三）扩大我国在国际教育事务中的话语权，提升我国国际影响力

随着经济全球化的不断发展，各个国家之间的相互依赖程度也在不断加深。全球治理下的国际规则是国际关系的制度性框架，是各国进行交流与合作的重要基础。在这样的背景下，国际规则的制定不仅事关本国的利益，还决定着一个国家在国际社会中的地位和影响力。在国际社会，全球治理话语权之争成为各国之间竞争的重要形式，而全球教育治理是全球治理的重要组成部分。积极并且有效地参与全球教育治理，不仅有利于扩大我国在国际教育事务中的话语权，并且可以提升我国在国际社会中的影响力。参与国际教育规则的能力在一定的程度上反映一个

---

① 周一，熊建辉，张鹤. 全球教育治理：联合国教科文组织的作用与中国的参与——联合国教科文组织教育助理总干事尼古拉斯·伯内特专访 [J]. 世界教育信息，2009 (3)：16–19.

国家的软实力。作为一个地域辽阔、人口众多、经济实力雄厚的发展中国家，中国积极参与全球教育治理不仅能够提升我国在国际社会中的软实力和影响力，并且能够在一定的程度上影响和改变长期以来以西方发达国家为主导的国际教育模式，在提高自身在国际教育体系中的地位的同时，也能够提升自己所代表的大多数发展中国家的国际地位。

（四）制定与落实国际教育规则，促进国内教育改革与发展

参与国际教育规则的修订与创制，需要对国际教育规则进行全面的、专业的研究。关于国际教育规则的学术研究是一国参与国际教育规则制定的必要前提，与此同时，国家参与国际教育规则制定的意愿能够带动相关领域的学术研究。一方面，关于国际教育规则的研究具有独立性。每个国家从自己的视角与经验来对国际教育规则进行研究，确保这些规则的内容对本国的适切性与执行的可行性，并且对已有的国际规则中出现的问题提出有效地改进措施。另一方面，国际教育规则的研究具有超前性。全球教育治理背景下，中国在国际教育规则的研究过程中获得的学术成果可以先为己所用，能够促进国内教育观念发生转变，推动教育思想的不断进步。在研究过程中关于教育实践的成果能够在一定程度上推动国内教育制度的变革，优化教育事业的结构与质量。除此之外，在参与全球教育治理进程中联合国教科文组织和其他成员国先进的教育理念、模式、标准以及经验能够推动国内教育事业的发展，可以将国际视野与国内经验相结合，更好地促进国内教育改革与发展。

第二节　参与全球教育治理取得的进展与面临的问题

中华人民共和国成立70多年来，中国参与全球教育治理的地位从"边缘"走向"中心"。中华人民共和国成立初期到20世纪70年代，中国地处教育国际化的边缘地带，是主要的教育受援国，出国留学和来华留学规模都较小，是国际教育规则的模仿者和学习者。20世纪70年代以后，随着中国在联合国合法席位的恢复，中国同联合国教科文组织等国际组织的合作日益加强，中国也开始加大对非洲国家的教育援助，中国在全球教育治理进程中的地位逐步提升。进入20世纪90年代，随着冷战的结束，教育国际化的发展出现了新的阶段特征，国与国之间教育层面的交流日益密切，全球治理的理念开始向教育领域渗透。21世纪初，中国加入世贸组织，签订包括教育服务在内的服务贸易总协定，积极应对这个时期教育国际化进程中可能存在的质量保障问题、学分学位认证问题等，不断加强同联合国教科文组织等国际组织的合作，支持联合国教科文组织等国际组织制定统一的国际教育质量标准。党的十八大以来，习近平提出"一带一路"伟大倡议；党的十九大报告提出构建人类命运共同体。在此背景下，我国积极参与全球教育治理既是建设"一带一路"教育行动的路线图，又是推动构建人类命运共同体的重要实践。我国在参与全球教育治理进程中，也由"参与者"转变为"主导者"，随着中国国际地位的日益提升，中国将通过全球教育治理为世界贡献中国智慧和中国方案。需要清醒认识到，当前中国参与全球教育治理仍然存在很多问题：国际教育规则制定的参与度不够，国际组织人才的培养和选送力度不够，国际教育援助的规模和机制有待完善，等等。

一、参与全球教育治理取得的进展

自中国恢复联合国合法席位以来,中国加快了参与全球教育治理的进程,成立了联合国教科文组织全国委员会,作为与联合国教科文组织进行沟通交流的载体;教育部国际合作与交流司设立国际组织处,专门协调与其他国际组织的合作;积极开展对外教育援助,已经从受援国变为了援助国;积极培养并向国际组织选送人才。

(一)成立联合国教科文组织全国委员会,积极加强与联合国教科文组织的合作

为了加强与联合国教科文组织在教育等领域的交流合作,1978年和1985年,中国与联合国教科文组织先后签署了合作备忘录,并依据联合国教科文组织的《组织法》,成立了联合国教科文组织全国委员会,由教育部进行归口管理,成员单位包括了28个国家职能部门,并向联合国教科文组织总部派出常驻代表团。1984年,联合国教科文组织在北京设立了东亚地区办事处,现任全国委员会主任是教育部副部长田学军。在中国与联合国教科文组织的沟通合作链条中,联合国教科文组织全国委员会是核心的行动发起者和沟通联结点。

联合国教科文组织全国委员会推动开展与完成了多种项目。以教育领域为例,联合国教科文组织的学习型社会、全民教育、终身学习、全纳教育等理念通过联合国教科文组织全国委员会等载体,成为中国的教育政策理念和社会理念。学习型社会、终身学习等被写入中国基本国策。2010年,中国发布的教育改革发展规划纲要就得到了联合国教科文组织的协助。中国通过联合国教科文组织全国委员会,深度开展与联合国教科文组织在教育领域的各项合作。随着中国社会化程度的加深,这种教育合作与交流开始从单向学习走向双向互动。

（二）设立国际组织处，协调与其他国际组织的合作

教育部国际合作与交流司是研究拟定教育外事工作方针、政策，起草有关法规文件的教育部司局机构。它统筹管理并协调、指导教育系统的教育国际合作与交流，归口管理教育系统与国际组织、区域政府间组织的合作与交流。自20世纪80年代以来，中国主要通过世界银行、亚洲开发银行、经合组织、亚太经合组织、联合国儿童基金会等官方国际组织平台与世界各国开展教育合作与交流，合作范围覆盖了学前教育、基础教育、高等教育、职业教育等各个方面。

为了协调中国与其他国际组织（指除联合国教科文组织、亚洲开发银行和世界银行以外的世界性和洲际政府间组织）的教育交流与合作，教育部国际合作与交流司设立国际组织处，协助拟定与国际组织开展教育交流合作的发展规划、政策、方针。国际组织处具体开展与国际组织的合作与交流，并管理、协调、指导项目的实施。按照规定，国际组织处协助负责其他涉及国际组织的有关外事审核事务。2018年6月，教育部国际合作与交流司国际组织处有关负责人到西南大学，就教育全球治理研究、国际会议审批、参与国际组织等工作开展调研。

（三）积极开展国际教育援助，从受援国转变为援助国

新中国成立伊始，中国便开展了国际教育援助。随着综合国力的提升，中国已经从受援国变成了重要的援助国，国际教育援助成为我国进行对外援助的重要方式之一。20世纪50年代，中国的对外教育援助以双边援助为主，来华留学生较少。20世纪60年代到70年代，虽然已经有派遣教师和接收来华留学生的尝试，但仍然以双边援助为主。20世纪70年代，随着中国恢复联合国席位，中国开始注重与国际机构合作，积极参与多边教育援助活动，援助的规模也有大幅度的提升。

20世纪80年代到90年代，我国参与国际教育援助的内容和方式日益多元化，教育援助的规模也日益扩大。例如，设立援外志愿者项目和短期人员交流项目，开设技术培训班和国外官员培训班，重点援助职业教育和进行人力资源培训，捐赠教学物资，通过政府奖学金项目资助来华留学生。通过与联合国发展机构等国际组织的合作，共同培训的各类技术人员超过了1 500人。21世纪以来，我国参与国际教育援助的力度和规模迅速增加。2006年，我国提出为非洲援助100所农村学校，3年内为非洲培养1.5万名人才，派遣100名高级农业技术专家，提供中国政府奖学金名额增加到4 000人次。

在"一带一路"倡议和"构建人类命运共同体"的合作框架下，我国继续加大国际教育援助的力度和规模，已经成为重要的援助国。2013年，中国承诺向东盟国家提供1.5万个政府奖学金名额。2014年，中国承诺向非洲国家免费提供3万个政府奖学金名额，免费培训20万名技术人才；承诺向拉美国家提供6 000个政府奖学金名额。2015年，中国启动了中拉青年领导人千人培训计划。2017年，中国承诺向"一带一路"沿线国家提供1万个政府奖学金名额。"一带一路"倡议背景下，中国参与国际教育援助已经成为实现"民心相通"，提升中国国际影响力和改善国家形象的重要途径。

（四）积极开展国际组织人才的培养和选送工作

国际组织人才对于提升国家形象、宣传本国理念、维护国家战略利益具有重要作用。我国在政策方针层面明确了国际组织人才培养的重要性和必要性。《国家中长期人才发展规划纲要（2010—2020年）》提出，积极支持和推荐优秀人才到国际组织任职。同时，《国家中长期教育改革和发展规划纲要（2010—2020年）》要求，培养大批具有国际视野、通晓国际规则、能够参与国际事务和具有国际竞争力的国际化人才。2016年4月,《关于做好新时期教育对外开放工作的若干意见》提出,加快培养拔尖创新人才、非通用语种人才、国际组织人才、国别和区域研究人才、来华杰出人才等五类人才,提升中国在全球教育治理中的发言权和代表性,选拔推荐优秀人才到国际组织任职。

在国家关于国际组织人才培养的政策方针影响下,我国国内高校已经成为培养和输送国际组织人才的战略支点,初步建立起相对完善的国际组织人才培养体系。一是开展国际组织人才培养的项目建设,如北京大学的"引领未来国际组织人才启航计划"、浙江大学的"国际组织精英人才班"、华中科技大学的"国际组织后备人才班"等。二是开设专门培养国际组织人才的学院,如上海财经大学创立的"国际组织与全球治理研究院"等。三是鼓励和资助高校学生赴国际组织实习。在国家留学基金委的资助下,国内高校赴国际组织实习的学生可以得到为期3—12个月的资助,资助范围包括了往返国际旅费、奖学金和艰苦地区补贴等。上海财经大学加强同国际组织的合作,已经与世界银行、亚洲基础设施投资银行等国际组织建立了合作关系,并积极选拔学生到这些国际组织开展实习工作。

二、参与全球教育治理中面临的问题

全球治理时代,尽管中国参与全球教育治理已经取得了一定进展,但仍然面临诸多问题。具体表现在国际教育公约制定中的参与度不足,国际组织专业人才储备不足,国际教育援助的实践不足,教育国际合作的实践有待加强。

(一)国际教育公约制定的参与度不足

随着各国之间交流与合作的不断深入,作为一个负责任的大国应该积极地参与国际公约的制定与签署,在共同遵守相关国际规则、促进本国发展的基础上促使各国教育的协同进步。联合国教科文组织具备制定国际公约的合法身份,准则的制定也是该组织五大功能之一。联合国教科文组织自成立以来,制定了一系列国际教育公约,为全球教育治理提供了制度框架,如《亚洲和太平洋地区承认高等教育学历、文凭和学位的地区公约》《反对教育歧视公约》《职业技术教育公约》等。我国已经批准、核准、接受、积极地加入了一些国际教育公约并有效落实了相关条例,在很大程度上促进了国内教育的发展。但是,我国参与国际教育公约仍处在被动接受的状态,缺乏对相关国际教育公约的研究与制定。任何国际组织或国家在修订旧的国际公约或制定新的国际公约之前都需要大量的思想与理论准备工作,需要对已有以及将要产生的国际公约进行认真、深入的研究。当前,我国在加入已有的国际教育公约方面的积极性在不断提高,但是在深入的研究、改进、修订并且发起新的国际教育公约方面的积极性明显不足。一国参与国际公约制定的能力受国家整体实力、领域优势以及创制能力等因素的影响。如今,我国作为世界上第二大经济体,整体实力在不断地提高,在全民教育、教育公平、技术教育、教师教育等多个教育相关领域处于世界领先地位,并且积累了可供世界各国参考的优秀经验,然而在国际教育公约的研究与创制方面表现出一定的不足。如我国发起的"一带一路"倡议为沿线国家国际交流与合作带来了前所未有的机遇,作为发起国,中国面向国内出台了《推进共建"一带一路"教育行动》,为教育领域推进"一带一路"倡议提供支撑,但还未能发挥自身的优势发起有关"一带一路"教育交流与合作的国际性公约。总而言之，虽然我国在加入和有效落实国际教育公约方面表现积极、效果明显，但在深入的研究和积极创制相关国际教育规则方面存在较大的提升空间。

（二）国际组织专业人才储备不足

参与国际教育公约制定的关键环节是需要大量的专业人士和国际职员从事国际教育公约等相关问题的研究，参与相关国际组织的工作。一个出色的学者或专业的国际公务员，往往能在正式或非正式的场合运用自己精深的教育专业知识，提出前瞻性的教育理念与思想，或替自己所代表的国家或组织发表独特见解。为了更好地与联合国教科文组织等国际组织进行合作，更好地参与国际教育公约的制定，保证我国在国际社会中的话语权与主动权，加大对从事国际教育研究的专业人士和国际职员的培养是重中之重。当前，中国在国际教育组织中的专业人才数量不足，在国际教育组织中的职员数量也相对较少。截至2015年，我国在联合国教科文组织的国际职员配额从20世纪90年代的8名增加到17或18名。虽然人数有所增加，但这个数量与我国作为经济、政治大国的国际地位不匹配，与西方发达国家的国际职员人数存在较大差距，特别是在国际教育组织中就职的高级管理人员数量更少。虽然近20年以来中国职员开始渐渐进入联合国教科文组织的高层，如：2005年10月，中国教育部副部长、中国联合国教科文组织全国委员会主任章新胜当选联合国教科文组织执行局主席；2010年4月，中国职员唐虔担任联合国教科文组织教育事务助理总干事；2013年11月，中国教育部副部长、中国联合国教科文组织全国委员会主任郝平当选联合国教科文组织第37届大会主席。但是这些为数不多的高级管理人员和中层人员与中国的综合实力、国际地位以及影响力极为不对称。中国联合国教科文组织全国委员会副秘书长杜越曾在接受专访时指出："从事国际组织工作最需要的是创造性，国际公约、国际规定都需要人们去思考和创造。"对专业人才和国际职员的培养力度不足是当前我国参与国际教育公约制定中存在的主要困境之一，如何加大对国际组织职员的培养力度，建设一支高质量、具有创造力的国际人才队伍是我国参与国际教育公约制定面临的主要挑战之一。

（三）国际教育援助的实践不足

就国际教育理念来说，"教育是一项人权"已经被写入《世界人权宣言》。全球教育治理视域下，国际教育援助成为践行"教育是一项人权"理念的突出表现，国际教育援助可以帮助受援助国家满足更多民众受教育的需求，以增强其独立性和民众人生发展的机会。具有现代意义的国际教育援助已经经历了60余年的发展历程。国际教育援助不仅改善了发展中国家的教育条件，而且在很大的程度上促进了国际教育交流与合作，开拓了国际教育组织的发展职能，促进了全球教育研究的深入开展。国际教育援助已经成为全球教育治理背景下，国际组织倡导"教育是一项人权"的具体实践。随着中国经济的快速发展，国际社会越来越期待中国从一个受援国转变成一个援助国，在全球教育治理中发挥更积极的作用。对于当前的中国来说，在国际教育援助中更好地发挥作用是践行"教育是一项人权"理念、扩大中国国际影响力的重要形式。

当前，中国在教育领域已经成为一个新兴的援助国，中国的对外援助对象主要以非洲极不发达国家为主。一直以来，中国的对外援助以项目援助为主，主要通过修建校舍、提供各类硬件教学设备、提供奖学金、派遣教师、在华培训教师、支持职业技术教育发展等给予援助。如2012年11月，中国启动了"中国—联合国教科文组织教育信托基金"

项目,通过该项目加强对非洲教师的培训。中国政府计划在4年内向该信托基金提供800万美元的资助,用来对科特迪瓦、埃塞俄比亚、纳米比亚、刚果(布)等8个非洲国家进行教育方面的资助。当前,该项目进展顺利,项目实施国家反应积极。中国开展的一系列对外援助项目获得了受援国政府和人民的高度评价,但不管从对外援助的数量和规模还是援助的实效性来讲依然存在一些现实困境。第一,对外教育援助的规模较小。2003—2016年中国开展的750余项对外援助中,教育援助项目占比不足20%。虽然对外教育援助项目在逐渐增加,但我国教育对外援助的数量、规模和广度与中国的国际地位不匹配。第二,中国对外教育援助的模式比较单一。中国对外教育援助的开展时间较短,经验有限,目前以基础设施建设和短期教育培训为主要形式,缺少系统化、一体化的教育援助,更重要的是援助过程中缺少对教育方案、教育经验的输出。第三,教育援助评估监测体系不健全。对援助项目的评估和监测不到位会直接影响项目的实效性。中国的教育援助评估监测体系相对滞后,对教育援助项目的全过程缺少有效的评估和监测,这不仅影响了教育援助的可持续性,同时增加了教育援助的风险。对于中国以及大部分发展中国家而言,在国际教育援助中发挥更大的作用,提升国家的国际影响力,从而积极有效地落实"教育是一项人权"的理念是一种新的机遇,也是一种新的挑战。

(四)教育国际合作的实践有待加强

教育国际合作已经成为联合国教科文组织、经合组织和世界银行等国际组织倡导并得到国际社会广泛认可的重要理念。在全球教育治理视域下,南南教育合作已经成为我国践行教育国际合作理念的重要行动。从教育资源和合作网络两方面而言,联合国教科文组织在南南教育合作中具有独特的优势,一直以来在国际社会中扮演着组织者和促进者的角色。① 积极地参与联合国教科文组织的有关项目是每个国家在南南教育合作中更好地发挥作用的有效方式。中国与联合国教科文组织的信托基金项目是南南教育合作的成功案例。此外,中国与联合国教科文组织启动了"联合国教科文组织—中国—非洲'20+20'大学合作项目",与非洲开展长期的教育合作。但是作为综合实力不断提升的经济、政治大国,中国以联合国教科文组织重要的成员国身份在南南教育合作中发挥的作用有待提高。首先,中国与联合国教科文组织已有的南南教育合作有待进一步加强,需要更加积极参与联合国教科文组织已有的南南教育合作项目,如设在埃塞俄比亚的"国际非洲能力建设所",在布基纳法索的"妇女—女童教育中心",等等。其次,中国南南教育合作的地区范围有待扩大。当前中国的南南教育合作伙伴主要是以非洲国家为主。为提高中国在南南合作中发挥的作用,需要不断地尝试与多方进行交流,逐渐地与不同的国家建立合作关系。如作为"一带一路"倡议的发起国,中国应该积极把握与沿线发展中国家的教育合作机会,建立互利、共赢的南南教育合作关系,与沿线国家交流教育发展的经验。简而言之,中国未能充分地利用自身在联合国教科文组织以及"一带一路"倡议中的重要地位,在南南教育合作中的作用有待提高。

---

① 陈柳,滕珺. 联合国教科文组织在南南教育合作中的独特优势[J]. 外国教育研究,2017,44(2):92-106.

第三节　积极参与全球教育治理的政策走向

回顾历史，中国参与全球教育治理已经积累了一定的经验；考虑当下，中国在参与全球教育治理的进程中将发挥更大的作用。中国从政策层面明确了全面提升全球教育治理参与能力的方向，这些政策旨在将中国教育发展的成功经验分享给世界，增强中国教育在国际教育舞台中的影响力，为世界教育事业的发展贡献中国智慧和中国方案。

长期以来，积极参与全球教育治理作为中国扩大教育开放、提升中国教育国际影响力的重要手段，一直以来都受到中国政府的高度重视，其重要性也在有关政策文件中得以明确。2010年，《国家中长期教育改革和发展规划纲要（2010—2020年）》提出：加强与联合国教科文组织等国际组织的合作，积极参与双边、多边和全球性、区域性教育合作；积极参与和推动国际组织教育政策、规则、标准的研究和制定。2016年，《关于做好新时期教育开放工作的若干意见》提出，通过提升发展中国家在全球教育治理中的发言权和代表性，选拔推荐优秀人才到国际组织任职，完善金砖国家教育合作机制，拓展有关国际组织的教育合作空间，积极参与全球教育治理。2017年，《国家教育事业发展"十三五"规划》提出，积极参与全球治理，深化多边教育合作，深度参与国际教育规则制定，开展教育国际援助。与此同时，积极参与全球教育治理也成为加快推进实现中国教育现代化目标的重要组成部分。2019年2月，《中国教育现代化2035》文件指出，开创教育对外开放新格局，积极服务"一带一路"建设，全面加强与世界各国和国际组织的务实合作，积极参与全球教育治理，为构建人类命运共同体作出重要贡献。《加快推进教育现代化实施方案（2018—2022年）》也提出，推进共建"一带一路"教育行动，加强与共建"一带一路"国家教育合作。由此可见，通过学习相关文件精神，积极参与全球教育治理将成为我国深化教育对外开放，推进"一带一路"教育行动，加快推进教育现代化的重要举措和战略布局。为解决当前我国参与全球教育治理存在的问题，我国应该深度参与国际教育规则的研究制定；设立教育信托基金，支持创设新的国际组织；培养和选送优秀青年人才到国际组织任职；创新教育援助模式，健全对外教育援助机制。

一、深度参与国际教育规则的研究制定

积极有效地参与国际教育规则的制定一直以来都是国家参与全球教育治理的重要方式。《国家中长期教育改革和发展规划纲要（2010—2020年）》指出："加强与联合国教科文组织等国际组织的合作，积极参与双边、多边和全球性、区域性教育合作。积极参与和推动国际组织教育政策、规则、标准的研究和制定。搭建高层次国际教育交流合作与政策对话平台，加强教育研究领域和教育创新实践活动的国际交流与合作。"中共中央办公厅、国务院办公厅印发的《关于做好新时期教育对外开放的若干意见》中指出工作目标："双边多边教育合作广度和深度有效拓展，参与教育领域国际规则制定能力大幅度提升，教育对外开放规范化、法治化水平显著提高。"《中国教育现代化2035》文件指出，密切与国际组织的合作关系，推动实施联合国2030年可持续发展议程教育目标，参与国际重要教育机制和重大教育行动，深度参与国际教育规则、标准、评价体系的研究制定。通过解读《中国教育现代化2035》等政策文件，可以看出中国将深化与联合国教科文组织等国际组

织的合作，从以往国际教育规则的"执行者"向"制定者"转变。联合国教科文组织具有制定国际教育规则的合法身份，要在国际教育规则的制定中发挥出积极的作用，就必须充分利用联合国教科文组织这一国际平台。中国将进一步加强与联合国教科文组织的合作，在更广的渠道和平台上与各国开展合作与交流，基于自身的理论研究考虑发起某个领域的国际或地区教育规则，或提议修订已有规则中的相应条款，以保证我国在国际教育规则实施中的话语权与主动权，逐渐转变我国参与全球教育治理的被动地位。

作为综合实力不断提升的大国，中国将在全球教育治理进程中对国际教育规则的制定继续发挥应有的作用，力争做到在教育议题的设置上具有引导力，在教育规则制定的讨论中具有说服力，对于质疑具有解释力。在未来，中国可以对已有的国际教育规则进行深入的研究，在此基础上结合当今全球教育的发展方向和趋势，总结已有的国际教育规则存在的问题和空缺，不仅从自身的角度、广大发展中国家的角度出发，更要从全球的视角出发进行深刻、有力度的研究，为修订已有的国际教育规则以及发起新的国际教育规则奠定良好的理论基础。

二、设立教育信托基金，支持创设新的国际组织

从教育资源和合作网络两方面而言，联合国教科文组织在南南教育合作中具有独特的优势，一直以来在国际社会中扮演着组织者和促进者的角色。积极地参与联合国教科文组织的有关项目，如教育信托基金项目，是每个国家在南南教育合作中更好地发挥作用的有效方式。《中国教育现代化2035》文件指出，通过与国际组织合作设立教育信托基金、奖项等，不断创新与国际组织的教育合作方式，推动全球教育发展。

《中国教育现代化2035》表明，未来我国将继续深化与国际组织的合作，通过设立信托基金，来推动全球教育的共同发展。在所有国际组织中，中国与联合国教科文组织在信托基金项目上的合作已经有成功的经验，并得到相关国家的认可和肯定。2012年，中国启动了"中国—联合国教科文组织教育信托基金"第一阶段的项目，通过第一阶段的项目加强对非洲教师的培训。中国政府在4年内向该信托基金提供800万美元的资助，用来对科特迪瓦、埃塞俄比亚、纳米比亚、刚果（布）等8个非洲国家进行教育方面的资助。该项目第一阶段进展顺利。作为综合实力不断提升的经济、政治大国，中国将继续合作设立教育信托基金的方式，加强与联合国教科文组织等国际组织的合作。

《中国教育现代化2035》文件还指出，推进与国际组织及专业机构的教育交流合作，支持创设新的国际组织，形成一批有重要影响力的国际机构。通过解读《中国教育现代化2035》可以发现，中国参与全球教育治理进程中，不仅要做国际组织的参与者，还将做国际组织的主导者。我国可以以综合国力和国际影响力作为重要基础，投入专门的教育经费和人力资源，开展培训高水平人才的国际教育项目，创建由我国主导的国际组织，并加大对国际组织的广泛宣传。以美国、英国、加拿大等发达国家为例，这些国家在发展本国教育的同时，纷纷成立自己主导的国际组织。我国可以借鉴发达国家的经验，改变以往的被动局面，以国际组织作为平台，营造良好的国际教育氛围，塑造我国负责任大国的世界形象，以提升我国的教育影响力和文化软实力。

三、培养和选送优秀青年人才到国际组织任职

对于充分利用国际组织在参与全球教育治理进程中发挥积极、主动

的作用来说,最关键、最迫切的无疑是培养和选送专业化的国际组织人才。《国家教育事业发展"十三五"规划》指出,完善国际组织人才培养机制,有计划地培养推荐优秀人才到国际组织任职。《中国教育现代化2035》文件指出,完善支持政策,鼓励教育领域优秀人才到国际组织任职服务,支持优秀青年师生参加国际志愿服务和国际合作项目。加大国际职员后备人才培养力度,积极向国际组织派遣实习生和借调人员。《中国教育现代化2035》等文件明确了国际组织人才在参与全球教育治理进程中的重要性,中国可以依靠国际组织人才来完成与其他国家的交流、讨论与合作,在国际舞台上发出中国的声音,扩大中国的话语权和影响力。可以预测到的是,中国未来将继续加大对国际组织人才培养和选送的规模和力度。向国际组织输送人才不仅是我国扩大在国际组织中的话语权和影响力的需要,更是参与全球教育治理,为全球教育作出积极贡献的需要。当前高校有关国际事务的专业比较单一,主要为国际经济、国际政治、国际法律等。中国将大力培养教育领域内的国际组织职员,强化对国际教育与国际组织的研究,加入或增加国际组织相关课程。在各级各类教育中尝试进行多边合作,重视对学生全球意识和国际化观念的培养,鼓励学生到国际组织实习。为了适应国际组织招聘国际职员的需要,为了及时向国际组织推荐国际职员候选人,中国国际职员服务中心已经建立了"中国国际职员后备人员库"。中国将不断地创新和优化国际职员后备人员库的管理机制,基于公平、平等、竞争、择优的原则,为国际组织培养和选拔具有竞争力、创造力的国际职员,扩大我国的话语权与影响力。

四、创新教育援助模式，健全对外教育援助机制

随着中国国际地位的提升，中国已从教育援助的受援国转变成援助国，通过对外教育援助来参与全球教育治理。《国家中长期教育改革和发展规划纲要（2010—2020年）》指出，增加中国政府奖学金数量，重点资助发展中国家学生，优化来华留学人员结构。实施来华留学预备教育，增加高等学校外语授课的学科专业，不断提高来华留学教育质量。《关于做好新时期教育对外开放的若干意见》指出，通过发挥教育援助在南南合作中的重要作用，加大对发展中国家尤其是最不发达国家的支持力度，加快对外教育培训中心和教育援外基地建设，积极开展优质教学仪器设备、整体教学方案、配套师资培训一体化援助，开展教育国际援助，重点投资于人、援助于人、惠及于人。《国家教育事业发展"十三五"规划》指出，统筹利用国家和民间资源，加快对外教育培训中心和教育援外基地建设，为发展中国家培养培训管理人员、教师、学者和各级各类技术技能人才。《中国教育现代化2035》文件也指出，要健全对外教育援助机制。由此可见，对外教育援助将成为加快中国教育现代化建设的重要组成部分。未来，中国将创新教育援助模式，把握当下国际教育援助的发展趋势，形成"输血"与"造血"相结合的援助模式。随着全球教育质量不断提升，国际教育援助在实现从项目援助向综合性的部门援助，从职业教育和高等教育援助向基础教育援助，从硬件设施的援助向软件方面的援助的转变。中国将改变当前以项目援助为主的援助模式，援助过程中积极关注受援国的能力建设，在进行资金援助的同时重视将教育理念、教育制度、技术、教育解决方案等方面的优秀成果与各国分享，帮助受援国真正地实现教育水平的提升和教育研究的发展。与此同时，中国还将不断完善对外教育援助的治理结构，建立全

社会参与的多元化经费筹措机制。建立由政府主导的，学校、企业、民间组织等教育援助主体共同参与的资金筹措机制，引导中国企业为项目提供技术等支持，充分发挥中国企业的社会责任，拓宽对外教育援助实现多元化和持久性目标的渠道，不断地提高中国对外教育援助的数量和覆盖面。通过有效地实施对外教育援助促进各国之间的教育交流与合作，在国际社会树立负责任大国的形象，提升我国的国际地位和影响力。

主要参考文献

［1］安然，魏先鹏，许萌萌，等．海内外对孔子学院研究的现状分析［J］．学术研究，2014（11）：129-136．

［2］陈学飞．高等教育国际化：跨世纪的大趋势［M］．福州：福建教育出版社，2002：16．

［3］邓小平．邓小平文选（第三卷）［M］．北京：人民出版社，1993：378．

［4］冯光．国际规则制定：中国的责任与担当［N］．中国社会科学报，2017-11-22（5）．

［5］关春芳．文化传播与高校留学生教育［J］．中国高等教育，2012（7）：56-57．

［6］顾明远．教育大辞典［M］．增订合编本（上）．上海：上海教育出版社，1998：799．

［7］哈巍，陈东阳．孔子学院与来华留学生规模的实证研究——基于135个国家面板数据（1999-2015）［J］．教育发展研究，2019，39（1）：55-62．

［8］李云鹏．中美两国留学生教育结构之比较［J］．高教发展与评估，2011，27（5）：114-117．

［9］林杰，张曼．对西方少数学者质疑孔子学院"学术自由"的

驳论［J］.比较教育研究，2016，38（3）：1-7.

［10］林金辉.中外合作办学中引进优质教育资源问题研究［J］.教育研究，2012，33（10）：34-38.

［11］刘宝存."一带一路"战略中基础教育何为［J］.人民教育，2017（12）：49-52.

［12］孟繁华，张蕾，佘勇.试论我国基础教育集团化办学的三大模式［J］.教育研究，2016，37（10）：40-45.

［13］瞿振元.做好新时代教育对外开放［N］.中国教育报，2018-04-10（1）.

［14］王辉耀，郭娇.中国留学发展报告（2012）［M］.北京：社会科学文献出版社，2012：17.

［15］谢维和.论优质教育资源的涵义与建设［J］.人民教育，2002（11）：24-26.

［16］杨启光.教育国际化进程与发展模式［M］.北京：社会科学文献出版社，2011：38.

［17］俞可平.全球治理引论［J］.马克思主义与现实，2002（1）：20-32.

［18］《中国教育年鉴》编辑部.中国教育年鉴2009［M］.北京：人民教育出版社，2010：23-24.

［19］Jane Knight. Internationalization Remodeled: Definition, Approaches, and Rationales［J］. Journal of Studies in International Education, 2004, 8（1）: 5-31.

［20］Lawrence S. Finkelstein. What Is Global Governance［J］. Global Governance, 1995, 1（3）: 367-372.

［21］Nial Hegarty. Where We Are Now-The Presence and Importance of International Students to Universities in the United States［J］. Journal of International students, 2014, 4（3）: 223-235.